版权管理体制改革研究

蔡晓宇 著

中国传媒大学出版社

·北京·

版权制度是人类社会的伟大创举。理解版权，才能更好地理解文化、创造文明。

作者手记

蔡晓宇，1980年出生，河南许昌人。

先后就读于河南大学、北京印刷学院、中国传媒大学，编辑出版学博士。先后任职于北京印刷学院、原国家新闻出版广电总局、中宣部。

从事新闻传播、出版、版权研究工作。参与多项省部级课题，参与撰写《首都出版业可持续发展模式研究》《出版社经营管理》等多部著作，在《中国出版》《现代出版》等学术期刊发表论文近20篇，多篇论文被《中国人民大学复印报刊资料》全文转载。

出版说明

中国出版产业发展研究丛书是中国传媒大学传播研究院编辑出版研究中心策划并主持的出版项目。丛书直面深化出版体制改革、出版产业政策调整、当代出版文化等重大问题，多视角、全方位地为中国出版产业的发展提供理论支持和实践参考。丛书有幸被列为国家出版资金资助项目，已陆续推出第一辑和第二辑。

当前，中国特色社会主义进入了新时代。这是我国发展新的历史方位，也是我国新闻出版业发展的重要契机。要推动新闻出版业实现高质量发展，必须进一步深化文化体制改革、完善文化管理体制，健全现代文化产业体系和市场体系，重视传播手段建设和创新，提高国际传播能力。在这个新时代，我们的中国出版产业发展研究丛书有志成为一个开放性平台，聚合起更多同行者，跟进、反思并推动中国新闻出版业的改革和发展，为此进程不断地贡献力量。

德不孤，必有邻。感谢为丛书贡献智慧和力量的各位作者，这是中国出版人和出版研究者共有的平台。我们坚信，中国出版产业改革一直"在路上"，我们的研究和行业观察也一直"在路上"。祝愿丛书不断延续，日益精进。

序 言

日本学者梅田久在本世纪初,对访日的中国版权代表团阐述他的一个重要观点——21世纪是版权的时代①。这可视为他以学术交流的方式表达对版权作用与意义的乐观期待,另一方面,也表明包括中国在内的许多国家,对世界范围内版权事业的建设和发展取得了较大程度的共识。不过,若时光倒退到百余年前的清末,情况就复杂很多,其时的中国正遭受列强从政治到经济到文化等各个方面的欺压、掠夺,其中的内容之一就是强迫晚清政府建立版权制度、加强版权保护,所以,那时的版权带有强烈的政治色彩——坚船利炮之下的不平等政治条款。1911年颁布的《大清著作权律》则被今天的学者称为"枪口下的法律"②。之后,时间推移至20世纪70年代末80年代初,当作出改革开放战略抉择的中国叩击以美国为代表的西方世界大门时,版权问题又一次成为具有多重内涵的复杂政治议题。不同的是,这次的压力既有意识形态上对版权法律制度"阶级属性"的质疑,也有经济层面对版权制度可能带来的巨大经济成本的忧虑。最终,版权制度还是在神州大地上生根结果,虽然有不少业界人士提出,新中国的版权制度是

---

① 阎晓宏.21世纪为什么是版权时代?[N].光明日报,2011-7-10(5).
② 李雨峰.枪口下的法律——近代中国版权法的产生[J].北大法律评论,2004(1):144-166.

"逼出来"的。再看今天,当我们再次把目光聚焦版权制度,可能会发现,这个仅有300多年历史的人类文明制度,虽然在世界政治经济竞争中扮演过国家利益工具的角色,但它作为激发创作潜力、保护文化成果、实现经济价值、促进文化传播的制度规则,其基于文化发展的本原价值不断得以彰显,并且它越来越全球化的过程,也正是它越来越重视国别差异和文化多样性,从更广阔的层面促进人类文化发展的过程。对于每个国家而言,恰切地依据本国政治、法律、文化实际,科学构建并充分运用版权制度为国家、社会和民众服务,是一种难以抗拒的、具有普遍意义的潮流和趋势——这也许是梅田久所言的真正内涵。

中国构建版权制度的实践,远溯可至宋代。今日现代化版权制度的根基,则是改革开放之后起草《著作权法》、建立版权工作机构、开展版权保护工作等具有划时代意义的重大举措。从那时起,与中国特色社会主义事业建设发展的宏伟实践同步,版权在中国的面貌发生了历史性的变化。在经济层面,原本作为国家管理出版工作的一个手段的版权,越来越体现出独特的经济价值:2011年以来版权相关产业每年的行业增加值占GDP比重不断攀升,2015年以超过5万亿的规模使GDP占比跃升至7.3%,同时版权与商业、版权与金融、版权与资本都深度融合,版权成为越来越活跃、越来越重要的经济力量。在文化层面,随着文化生产和满足的市场化,包括文化产品、文化服务甚至文化交流等多种文化传播形态的实现,在很大程度上以版权为载体,版权成为文化发展的市场基础和制度保障。国际文化交流,很大程度上依托版权贸易。在政治层面,版权被更多赋予国家意志,成为国家综合竞争力的重要内涵和体现,"知识产权强国""版权强国"作为重要的发展战略和目标任务被制度化,版权工作的战略层级和关注位次得到了质的提升。而更大的转变,则在思想层面,全社会版权意识觉醒和确立,尊重版权、保护版权、合理使用版权逐渐得到全社会广泛认可。这些变化,是版权事业发展巨大成就的点滴,体现着国家领导决策层的战略眼光和政治定力,凝聚着几代版权工作者的辛勤劳动和智慧成果,蕴含着中国特色版权制度的生命力和创造性,对于新时代实现更大的历史目标具有基础性、根本性的影响。

版权管理体制是制约版权事业发展的关键制度因素。就经济基础和上层建筑的关系论,作为上层建筑重要组成部分的版权制度体系对版权相关产业的发展具有强大的反作用,而对中国而言,可能恰恰是版权制度建设上的先导安排,极大地解放和促进了版权生产的创造力和生产力——可以说中国版权制度体系对版权相关产业的发展具有特殊重要和极为强大的反作用力量。对于内涵丰富的版权制度体系来说,版权管理体制是整个体系架构的核心,从宏观上决定着制度理念、制度方向和制度文化,甚至直接作用于版权相关产业的微观层面。所以,深入研究中国版权管理体制是理解和把握中国版权相关产业以及整个事业的一把"钥匙"——一把既能洞悉历史变迁、又能开启未来之门的"钥匙"。正是以此为着眼点,本书选择版权管理体制改革作为研究对象,坚持历史思维、问题意识和目标导向,综合运用马克思主义政治经济学、新制度经济学等学科理论和方法,研析中华人民共和国建国以来版权管理体制的历史变迁,总结梳理我国版权管理体制建设发展的现状,深入剖析我国版权管理体制对照知识产权强国建设目标存在的差异,并对其成因从外部环境和内在主体两个方面进行了讨论。最终,基于知识产权强国建设目标,提出未来版权管理体制改革应坚持激励创新与促进发展、战略视野与协同思维、强化法治与社会参与、利益平衡与效率优先等原则,并要处理好文化与版权、公共与私人、管理与发展、统一与细分、中国与世界等矛盾关系,在改革具体路径上,则详细阐述了做强制度供给主体、优化制度供给体系、创新和改革运行机制、保障和推进制度落实、优化改善制度环境等对策建议。

"任何一个国家,只有把文化资源通过创作转化为可支配控制的版权资源,只有在广泛拥有最具价值的版权作品、版权资源的基础上,才能占领文化发展的制高点,实现文化的繁荣发展。"[①]这是版权人的自省自励,也是本书孜孜以求的目标方向。

---

① 阎晓宏.21世纪为什么是版权时代?[N]光明日报,2011-7-10(5).

目 录

第一章 绪 论 /1

第一节 选题缘起 …………………………… 2
第二节 概念界定 …………………………… 11
第三节 理论基础 …………………………… 16
第四节 研究方法 …………………………… 21
第五节 文献综述 …………………………… 23

第二章 历史变迁——版权管理体制建设发展历程 /31

第一节 酝酿萌动(1949年—1976年) ………………… 32
第二节 孕育准备(1977年—1989年) ………………… 36
第三节 迅速发展(1990年—2000年) ………………… 40
第四节 与时俱进(2001年—2009年) ………………… 44
第五节 全面深化(2010年—2017年) ………………… 48
第六节 版权管理体制的变迁趋势与内在特点 ………………… 52

第三章 比较参考——国外版权管理体制和版权相关行业管理体制分析 / 58

第一节 版权管理体制的国际比较 …………………………… 59

第二节 版权相关行业的管理体制 …………………………… 66

第三节 国别比较和行业参照的重要启示 …………………… 75

第四章 体制成效——版权管理体制建设发展的三重价值 / 79

第一节 市场价值 ……………………………………………… 80

第二节 自在价值 ……………………………………………… 89

第三节 社会价值 ……………………………………………… 98

第五章 目标差异——版权管理体制现实问题的层次分析 / 104

第一节 发展性问题 …………………………………………… 105

第二节 内生性问题 …………………………………………… 117

第三节 实践性问题 …………………………………………… 125

第六章 差异成因——版权管理体制现实问题的根源分析 / 134

第一节 宏观环境分析 ………………………………………… 135

第二节 内在主体分析 ………………………………………… 148

第七章 改革导向——版权管理体制改革的目标、理念与关系 /158

  第一节　基本目标 ··································· 158
  第二节　基本理念 ··································· 160
  第三节　基本关系 ··································· 168

第八章 路径选择——版权管理体制改革完善的措施建议 /180

  第一节　激发和强化改革动力 ··························· 180
  第二节　优化和完善制度供给体系 ······················· 183
  第三节　创新和改革运行机制 ··························· 187
  第四节　保障和推进制度落实 ··························· 191
  第五节　建设和改善外部环境 ··························· 194

第九章 结　论 /197

  第一节　主要结论 ··································· 197
  第二节　存在不足及努力方向 ··························· 200

参考文献 /202

后　记 /210

第一章

绪 论

新制度经济学代表人物诺思认为,"制度变迁决定了人类历史中的社会演化方式,因而是理解历史变迁的关键"[①]。历史地看,版权是一种涉及"自然权利、激励机制和公平"[②]的伟大创举,自产生以来,在人类社会政治、经济、文化和社会生活等各个领域,都产生了广泛深远的影响。而现代,在第一部版权法《安娜女王法》颁布300余年后,人类的21世纪成为了版权的时代,[③]在全球化、综合国力建设、经济增长、政治民主化等诸多方面,版权的作用都大放异彩,重视版权、管理版权、运用版权成为世界上许多国家的通行做法。而在中国,进入21世纪以来,知识产权战略被提升至国家发展战略的层面,国家明确提出建设知识产权强国目标,而版权领域在版权工作"十三五"规划中确立版权强国建设蓝图,把改革版权管理体制、发展版权事业放在了经济社会发展的重要位置。

---

① 诺斯.制度、制度变迁与经济绩效[M].杭行,译.上海:格致出版社,上海三联书店,上海人民出版社,2014:121-122.
② 李雨峰.从特权到私权:近代版权制度的产生[J].重庆大学学报(社会科学版).2008(1):91-96.
③ 阎晓宏.21世纪为什么是版权时代?[N].光明日报,2011-7-10(5).

第一节 选题缘起

一、版权的重要性、多元性和复杂性

版权的经济价值是当今认识版权的一个极为重要的视角,也是其备受瞩目的重要原因。在市场经济条件下,版权日益成为精神产品价值的货币化符号——固定、法定的精神产品价值交易载体。创意产业之父霍金斯认为"版权是创意经济的货币"[①]。在市场交易中,精神文化产品的定价、购买、消费,往往以版权交易的方式实现和体现。今天,在文化经济领域,买卖版权已经是见惯不惊并且蔚为壮观的现象。在影视行业,节目制作和交易过程中,版权是重要的价值交换方式。早在2010年前后,上海东方卫视《中国达人秀》、浙江卫视《中国梦想秀》等节目从海外购置版权的投入均超过300万。而2016年,浙江唐德影视正式宣布与荷兰Talpa公司签署协议,以6000万美金,独家买下《The Voice of…》节目模式5年4季的版权使用权。在网络领域,QQ音乐、阿里音乐等均以重金购买海量的音乐版权,爱奇艺、优酷土豆等视频网站则大举购进影视节目版权,其中98集的《新还珠格格》新媒体版权费达到3000万元。与高昂的版权费相匹配的是相关平台的高回报。《中国好声音》第二季仅冠名费一项就达到2亿元,《中国达人秀》第二季的广告费达8000余万元。2016年,中国网络音乐行业规模突破150亿元。此外,对于文化创意企业而言,除了有形的版权

---

① 郭爱娣.创意产业之父霍金斯:版权是创意经济的流通货币[N].京华时报,2009-10-26(5).

产品,版权内容作为文化创新的成果和载体,也是重要的交易对象和经济收入来源。以影视行业为例,"行业发展至今,最宝贵的财富早已不单纯是电影票房或电视广告收入等,影视作品本身所自带的IP属性才最具市场价值"①。

不过版权经济价值,从宏观上看,则是以版权为核心的,包括相关衍生产品开发在内的全产业链条的经济价值。世界知识产权组织对此高度重视,从20世纪初就着手研究版权在社会经济发展中的重大价值。通过多个国家的实证调研,世界知识产权组织得出结论:版权对经济的贡献超出人们的想象,版权相关产业的增长普遍高于国民经济的平均增长。② 在美国,版权相关产业已经是国民经济的支柱产业,在2002—2012年的十年间,版权相关产业在国内生产总值(GDP)的占比均保持在11%以上。中国版权相关产业的GDP占比从2008年就超过6.5%,2015年整个行业增加值达到50 054.14亿元,GDP占比达到7.3%。可以说,版权产业对整个经济社会发展具有举足轻重的地位。

表1-1　2011—2015年中国版权相关产业行业增加值变化表③

项目		2011年	2012年	2013年	2014年	2015年
核心版权产业	行业增加值(亿元)	17 161.81	20 598.19	25 325.83	27 260.73	30 229.87
	GDP占比(%)	3.63	3.97	4.31	4.29	4.41

---

① 任晓宁.版权服务助力深挖影视产业金矿与盗版网站"死磕"[N].中国新闻出版广电报,2017-3-2(5).
② 阎晓宏.关于版权经济价值的三个认识[J].现代出版.2014(5):5-10.
③ 数据源自中国新闻出版研究院主持的"中国版权相关产业的经济贡献"有关研究成果。

续表

项目		2011年	2012年	2013年	2014年	2015年
全部版权产业	行业增加值(亿元)	31 528.98	35 674.15	42 725.93	46 281.81	50 054.14
	GDP占比(%)	6.67	6.87	7.27	7.28	7.30

不过版权绝不仅仅是个经济概念,其价值也绝不仅仅限于经济领域。从微观作品的角度看,版权作品的价值至少有四个方面:物理价值、艺术价值、经济价值、社会价值。①

表1-2　版权作品价值属性及构成

价值属性	二级属性	具体价值指标
物理价值	直接成本	人员工资
		办公室租金
		办公设备/用品
	间接成本	人员培养费用
		专家咨询费
		翻译/差旅费
		其他相关费用
艺术价值		艺术成就
		艺术表现手法
		艺术流派
		艺术理念

① 北京市版权局.版权作品价值评估体系及模型研究[R].2009-12-20.

续表

价值属性	二级属性	具体价值指标
经济价值		产业链（模式）收益
		版权财产权利收益
		生命周期
		折现率
社会价值		意识形态倾向
		社会声誉价值
		教育价值
		道德教化价值

从版权作为法定权利的角度看，版权的价值又体现在政治、文化等多个方面。

历史地看，版权作为兼具财产权利和精神权利的特殊权利类型，是人类社会发展到一定阶段的产物。在精神权利方面，版权所包含的发表权、署名权、修改权、保护作品完整权，往往和国家宪法中规定的出版、言论等民主权利相关，成为政治权利的重要组成部分。也正是在这一点上，作为知识产权法分支的版权法，其订立、修改经常是事关大体的重要事件。特别是德国、法国等传统大陆法系国家，版权的上溯源头来自于作者权——甚至有学者认为，法国作者权的历史可追溯至法国大革命时期的人权宣言。[①] 即使是在财产权方面，因为财产的对象是作品这种无形财产，其权利的确立和有形财产有重大区别，体现着社会政治观念和经济思维的转型——对精神产品及其劳动者的认可。在中国，"著作权法是保障人民特别是知识分子权益的重要法

---

① 李雨峰.版权，一种历史的视野[J].知识产权研究，2005(2):61-64.

律"①,对确立知识分子的重要地位、树立科技是第一生产力的思想,具有重大意义。不过,就其本质而言,版权是一个法律术语,法律是版权的本源和基础,版权在各个领域的功能实现,往往离不开"版权法定"的原则。② 在法律领域,版权作为一种无形客体的权利,权利具体类型多达十几种,现实中的版权案件涉及民事、行政、刑事等多方面,版权往往是法律上的热点和难点,也是一个国家法制建设的重要内容。

于文化而言,版权制度可能是人类历史上创造出的对文化发展最有影响的激励手段和保障工具。版权制度的产生,从政治上、经济上确定了文化产品和文化生产者的合法地位,并且通过精神激励(版权的精神权利)和物质激励(版权的财产权利)两种方式促进文化生产和传播。更重要的是,版权形成的文化资源分配和交换方式,很可能是目前人类所能选择的促进文化发展最有效率的方式。换个角度看,版权制度与文化行业的产业化、文化生产者的职业化,是紧密相关的,不仅体现了社会化大生产背景下文化生产的与时俱进,也以创新性的制度设计进一步挖掘文化生产的潜力。所以,有人说,文化"以版权为中心,版权是文化创造的成果,也是创造的重要杠杆,没有版权保护就没有文化创新"③。

和一般的法定权利或者社会关系不同,版权有其特定的复杂性。作为激励文化创造的制度设计,一直以来,其基于劳动财产权说和分配激励机制的理论逻辑和存在合法性受到质疑。④ 而它本身,因为权利主体并非单一的创作者,牵涉到生产者、表演者、发行者、使用者等,

---

① 宋木文.充分认识实施著作权法的重要意义[J].中国科技期刊研究,1991(2):1-2.
② 于慈珂.当前的版权形势与工作[M]//中国版权协会.版权的力量.北京:北京大学出版社,2015:163.
③ 柳斌杰.文化的创新与发展[M]//中国版权协会.版权的力量.北京:北京大学出版社,2015:2.
④ 李琛.著作权基本理论批判[M].北京:知识产权出版社,2013:4.

产业链条又比较长,在体现利益平衡方面,又更复杂、更突出,特别是在互联网状态下。① 所以,在实践中,版权工作往往与社会方方面面的利益相关。一个典型的例子就是版权法的制定和修改,往往前后反复多年,表明"著作权法的复杂性和难度,首先是这部法律要调整广泛的利益关系"②。

二、版权管理的战略价值和复合功能

置于版权重要意义和多种价值的宏大框架之下,版权管理的重要性几乎是应有之义。不过,与版权本身的价值有所不同的是,版权管理——主要是指作为现代社会运行管理体制重要组成部分的版权管理体制,其价值与意义又有其特殊性。

首先是基于版权经济价值之上的作用。按照马克思主义政治经济学关于经济基础和上层建筑的有关理论,版权管理属于上层建筑范畴,版权相关产业属于经济基础范畴。版权管理基于版权相关产业、服从服务于版权相关产业需要,同时对版权相关产业又有强烈的反作用——适应则促进、不适应则妨碍。在全球知识经济异军突起、我国版权相关产业不断迅猛发展的时代,版权管理是推动版权相关产业发展的一个关键因素。

不过,版权管理更重要的价值则体现在国家和社会发展的宏观战略上。虽然"版权是民事权利,但版权产生的影响和作用远远超出民

---

① 于慈珂.当前的版权形势与工作[M]//中国版权协会.版权的力量.北京:北京大学出版社,2015:163.
② 宋木文.当代中国版权制度建设的历程[J].韶关学院学报(社会科学版),2006(7):1-3.

事范畴,涉及国家利益和公共利益"①。从国际竞争的视角来看,"当今世界,国家的核心竞争力越来越表现为对智力资源和智慧成果的培育、配置、调控能力,表现为对知识产权的拥有、运用能力"②。这说明版权管理作为提高文化软实力、实现国家利益的重要工具,在国际竞争上具有特殊的战略价值。当今世界的唯一一个超级大国美国,其维护全球霸权的一个重要手段就是包括版权保护在内的知识产权保护战略。美国政府认为,知识产权是美国新经济的基础,也是当代美国经济的核心利益之一。在20世纪70年代美国就制定了相关法律,其中最广为人知的就是"301条款",该条款旨在为美国产品的知识产权在国外被侵犯时提供法律保障。并且,美国力图将国内的知识产权制度推向全球,使国际公约按照其意愿修改,甚至保留其不遵守国际公约的特权,以国内法对成员国进行报复和压制。③ 放眼全球,我们也可以看到,以美国好莱坞电影、迪士尼公园等为代表的文化产品以及科技学术领域的知识产权作品,具有绝对优势。而美国政府为了保护这种优势和利益,则频频动用经济、法律和外交手段,向其他国家施压。较为典型的例子是在中国加入《关贸总协定》的谈判过程中,美国对知识产权贸易的强硬保护。④

但版权管理一个不易受到关注的价值则是在文化和意识形态安全上。由于版权的法制化、国际化特征,⑤特别是由于版权具有文化经济货币符号的载体功能,国际上的文化交流和文化贸易,通常是以版

---

① 阎晓宏. 版权:满足文化需求也带来社会财富[N]. 中国新闻出版报,2007-10-25(9).
② 国家版权局版权管理司. 关于建立健全版权工作六大体系的分析与思考[R]. 2007-10-20.
③ 梁秀文. 美国政府的知识产权战略对我国政府的启示[J]. 内蒙古电大学刊,2009(1):40-42.
④ 阎晓宏. 关于版权经济价值的三个认识[J]. 现代出版,2014(5):5-10.
⑤ 于慈珂. 当前的版权形势与工作[M]//中国版权协会. 版权的力量. 北京:北京大学出版社,2015:163.

权贸易实现的。一个国家是否能输出文化价值观,是否能抵御不同文化价值观的浸染,最基本的体现是该国版权产品在国际版权市场上的表现。在政治管理层面,我国关于文化和意识形态管理的制度体系,除了版权制度主要由立法机关制定的法律构成外,新闻、出版、广播影视、文化等领域的规章制度大多由政策和规章构成,因此,不仅版权管理制度是法律效力最高的,而且更易获得国际认可,在国际政治博弈中更容易运用。所以,我国版权专家在很早就认识到,版权制度的建立,"对发展中国家来说,还有利于减少对外国作品的依赖和减少智力资源的外流"[①]。

此外,版权管理在推动公共文化服务、提升社会法治意识方面也有一定作用。

三、版权管理体制改革研究的理论意义与现实意义

在世界范围内,版权制度不过300余年的历史;对于中国来说,现代版权制度以清末的《大清著作权律》(1910年)为起始标志,而今天新中国的版权制度则从1990年后才发轫。不过,目前不论世界范围内还是中国视野之下,版权制度的全面性与其他制度体系相比,并无明显劣势——反而因经济社会发展、技术革新进步的影响,表现出较快的发展速度和强大的生命力。就制度本身而言,"好的制度的形成一定是一个不断发展、不断修订的过程,因为最初人们不可能遇到可能发生的所有利益冲突,只有在实践中不断'出事'的过程中,才能发现

---

① 沈仁干,钟颖科. 著作权法概论[M]. 沈阳:辽宁教育出版社,1995:15.

原来制度的缺陷,才能不断地改进,不断地使制度趋于缜密"①。这样,版权管理体制改革就成为一个具有普遍性、典型性的命题。

对于中国来说,知识产权的重要性在21世纪得到了前所未有的凸显。先是2008年推进知识产权战略实施、2015年正式提出建设知识产权强国目标,继而2017年,明确版权强国建设蓝图。与此发展线索相并行的是,2016年中共中央、国务院颁布《关于完善产权保护制度依法保护产权的意见》,进一步强调"加大知识产权保护力度"。特别是2015年国务院《关于新形势下加快知识产权强国建设的若干意见》,明确提出"研究完善知识产权管理体制";2016年《中国国民经济和社会发展第十三个五年规划纲要》确定,"实施严格的知识产权保护制度,完善有利于激励创新的知识产权归属制度,建设知识产权运营交易和服务平台,建设知识产权强国"。所以,在知识产权强国建设的大背景下,进行版权管理体制改革研究就有了极为重要的现实意义。

在理论上,置于管理的视角下,植根于中国传统和经济社会发展实际而建立起来的版权管理体制,其研究探索可以丰富中国特色社会主义知识产权理论体系,进而为完善现代治理体系、提高现代治理能力提供重要素材;置于法治视角下,以利益平衡为核心的版权理论的构建和完善,原本就是立足于现实之上与版权有关的各个相关方的利益、行为的协调平衡思维、理念与机制的反映,换言之,探讨版权管理体制改革问题,一方面需要以版权理论为基础,另一方面,又是对版权理论的思索与探寻。

---

① 樊纲.制度改变中国[M].北京:中信出版社,2014:XVII.

第二节 概念界定

一、知识产权

知识产权主要是基于智力创造成果而享有的权利。有人称之为智力成果权、智慧财产权、无形财产权、无体财产权、准物权等。20世纪60年代世界知识产权组织成立之后,"知识产权"成为国际上的普遍用语。

我国《民法通则》(1986年版)对知识产权类型有较为明确的规定,主要包括6种:著作权、专利权、商标权、发现权、发明权和其他科技成果权。世界贸易组织协定中《与贸易有关的知识产权协议》(Agreement On Trade—related Aspects of Intellectual Property Rights,简称"TRIPs协议")将知识产权的范畴确定为版权及其相关权利、商标权、地理标志、工业品外观设计、专利、集成电路布图设计(拓扑图)、未披露过的信息等7种。2017年,全国人大表决通过的《民法总则》中规定:"知识产权是权利人依法就下列客体享有的专有的权利:(一)作品;(二)发明、实用新型、外观设计;(三)商标;(四)地理标志;(五)商业秘密;(六)集成电路布图设计;(七)植物新品种;(八)法律规定的其他客体。"

有学者提出,"知识产权是智力成果的创造人或工商业标记的所有人依法享有的权利的统称"[1]。本书所指的知识产权,采用此概念。

---

[1] 刘春田.知识产权法[M].北京:中国人民大学出版社,2014:5.

对于知识产权的权利客体类型,限定为《与贸易有关的知识产权协议》所指类型。

二、知识产权强国

"知识产权强国"是我国 2014 年后提出的知识产权方面的建设目标,其出处是 2014 年 12 月《国务院办公厅关于转发知识产权局等单位深入实施国家知识产权战略行动计划(2014—2020 年)的通知》。2015 年国务院《关于新形势下加快知识产权强国建设的若干意见》(国发〔2015〕71 号)对此作了强调和明确。但是对知识产权强国的内涵和具体指标,国家层面并无界定和阐释。不过,对 2020 年前知识产权方面要达到的工作目标,"国发〔2015〕71 号"文件提出了概括性要求:"知识产权授权确权和执法保护体系进一步完善,基本形成权界清晰、分工合理、责权一致、运转高效、法治保障的知识产权体制机制,知识产权创造、运用、保护、管理和服务能力大幅提升,创新创业环境进一步优化,逐步形成产业参与国际竞争的知识产权新优势,基本实现知识产权治理体系和治理能力现代化,建成一批知识产权强省、强市,知识产权大国地位得到全方位巩固,为建成中国特色、世界水平的知识产权强国奠定坚实基础。"不过这里对知识产权强国的具体内涵并无明确规定,主要是一个宏观概念。本书所指知识产权强国,在总体上与"国发〔2015〕71 号"文件的有关概念内涵一致,相关指标阐述也采用该文件的有关内容的表述。

在知识产权强国的总体目标之下,国家版权局在 2017 年《版权工作"十三五"规划》中提出"十三五"时期推进版权强国建设、做好版权工作的总体目标:"版权法律制度体系更加完备,版权工作法治水平进一步提高;版权执法监管力度不断加大,版权保护环境明显改善;版权社会服务体系更加完善,版权产业又好又快发展;版权创作、运用、保护、管理和服务能力显著增强,全社会版权意识大幅提升;版权国际交流合作不断拓展,我国在国际版权体系中的话语权和影响力进一步提高。"这里的总体目标是在推进版权强国建设中在一定阶段要达到的工作目标,并非确定明晰的战略目标。本书提出的版权强国有关概念,与此保持一致。

三、版权

版权是知识产权的主要分支之一,"指作者对其创作的文学、科学和艺术作品依法享有的某些特殊权利"[1]。有的国家称之为著作权、"作者权利和相关权利"[2]等,有的国际条约直接称为与作品作者有关的权利,例如《保护文学和艺术作品伯尔尼公约》。我国《著作权法》(2010年版)第五十七条规定:本法所称的著作权即版权。

版权的范畴,我国《著作权法》(2010年版)规定了包括人身权和财产权在内的17个款项。但在广义上,与著作权有关的权益,即作者之外的他人对作品之外的客体享有的一系列专有权利,比如出版者权、表演者权等——在我国被称为邻接权,都属于版权的范畴,并在国际上得到认可。

本书所指的版权,即为我国《著作权法》规定的广义的著作权概念范畴。

---

[1] 沈仁干,钟颖科.著作权法概论[M].沈阳:辽宁教育出版社,1995:1.
[2] 讯源.法国新版权法案引争议[N].计算机世界,2006-7-10(A18).

四、版权相关产业

由于版权以作品为基础、保护作品作者的经济权利，以版权作品为核心的经济活动的规模和影响越来越大。1990年，美国国际知识产权联盟开始就版权相关产业对国民经济的贡献进行调研，后来发布了《美国经济中的版权相关产业》的报告，产生了巨大的影响。此后，许多国家采用"版权相关产业"概念进行研究。

在总结借鉴美国经验的基础上，世界知识产权组织（WIPO）于2003年编写了《版权相关产业的经济贡献调研指南》一书，被世界许多国家用来研究版权对经济活动的贡献。根据该书的有关内容，中国新闻出版研究院在国家版权局的指导下，从2007年开始进行中国版权相关产业的经济贡献调研，并对相关概念内涵作了界定：中国版权相关产业是全部或部分活动与中国版权法保护的作品或其他受版权法保护的客体相关的产业；这些活动包括创作、制作、表演、广播、传播以及展览或者发行和销售；具体分为核心版权产业、相互依存的版权产业、部分版权产业、非专用支持产业四大类。[1]

2014年后，调研统一采用"中国版权产业"的提法，而不再使用"中国版权相关产业"的概念，但在内涵上没有发生变化。在国内，"版权产业"逐渐成为固定的行业用语。

但是严格来讲，版权相关产业更符合经济活动实际情况。在国际上，除美国等少数国家外，世界知识产权组织和大多数国家一直沿用

---

[1] 郝振省，辛广伟，魏玉山，等. 中国版权相关产业的经济贡献研究[J]. 出版发行研究，2010(6)：5-11.

的是"版权相关产业"这一术语。因此,本书使用版权相关产业的概念,与国内所指版权产业为同一语。

和创意产业、文化产业等概念相比,版权产业"依靠作品的版权资源来实现产业的价值"①,并且产业范围也不完全相同。

五、版权管理体制

管理一般是"对资源进行计划、组织、领导和控制以快速有效地达到组织目标的过程"。② 体制是体系、制度、方法、形式等的总称,包括组织设置、规则制度、要素关系、实施方式等。③ 版权管理体制是国家围绕版权事务所形成的一系列制度规则、制度规则的具体表现和实施形式、有关的组织机构和职能关系等的总称。在我国,版权管理体制主要包括行政管理、司法管理、社会管理三个方面:行政管理指行政管理机构运用行政权力实施的管理活动,司法管理指司法机构依照法律进行的司法活动,社会管理指社会组织或民间组织通过法律授权或契约形式实施的相关活动。

本书所指的"版权管理体制",主要针对我国版权管理体制的有关内容,涉及行政管理、司法管理、社会管理等方面,重点是行政管理。

六、改革

改革意指"改良革新",一般是对旧有的生产关系、上层建筑作局

---

① 阎晓宏.关于版权经济价值的三个认识[J].现代出版,2014(5):5-10.
② 琼斯,乔治,希尔.当代管理学(第2版)[M].李建伟,严勇,周晖,译.北京:人民邮电出版社,2005:5.
③ 孔伟艳.制度、体制、机制的区别[J].中国社会科学院研究生院学报,2010(2):26.

部或根本性的调整。本书所指改革,主要是对当前我国版权管理体制的调整完善。

综上所述,本书所论"版权管理体制改革研究",主要指:根据国家提出的建设知识产权强国的目标约束,对中国大陆地区当前的版权管理体制改革进行研究分析。本书研究截止于2017年,所涉及的有关概念,均在前述概念界定中展开。

第三节　理论基础

一、马克思主义政治经济学

马克思主义政治经济学是马克思主义的重要组成部分,主要研究特定社会制度中的社会生产关系,即经济利益关系,揭示社会历史发展中的经济规律。其有关理论原理有:

1. 劳动价值

价值是商品的社会属性,反映了商品生产者之间的社会关系。创造价值的唯一要素是劳动,其他任何生产要素都不是价值的源泉。

2. 生产力和生产关系

生产力是人们征服自然、改造自然、生产物质资料的能力。劳动者在生产中起着最根本的作用。在社会化大生产条件下,科学技术是第一生产力。生产关系是人们在物质资料生产和再生产过程中形成的相互关系,也叫经济关系。生产力决定生产关系,而生产关系又反作用于生产力。社会经济制度变革的根本原因和动力是生产力和生产关系的矛盾运动。

3. 经济基础和上层建筑

经济基础是指基于社会一定发展阶段的生产力所形成的生产关系的总和,是构成一定社会的基础;上层建筑是建立在经济基础之上的意识形态,以及与之相适应的制度、组织和设施。经济基础是上层建筑赖以存在的根源,是第一性的;上层建筑是经济基础在政治上和思想上的表现,是第二性的、派生的。经济基础决定上层建筑,上层建筑反作用于经济基础。[①]

二、新制度经济学

新制度经济学是以科斯(Roland H. Coase)、诺斯(Douglass C. North)等为代表,用经济学的方法研究制度,也就是研究主体人、制度、经济活动以及三者之间的关系的经济学理论。其相关理论观点有:

1. 制度

制度是指社会博弈的规则,包括正式规则、非正式规则和实施机制三部分——在这一点上,"制度"的概念与本书所指的体制相近。制度对于经济发展和经济绩效至关重要。不同国家经济上的差距主要是由制度上的差异造成的。经济发展实质上是更有效地利用资源的制度的变迁过程。国家是制度的最大供给者。

---

① 林岗,卫兴华. 马克思主义政治经济学[M]. 北京:中国人民大学出版社,2003.

2. 产权

产权是指对财产所拥有的权利,是一种社会关系,是规定人们相互行为关系的规则。产权的界定是市场交易的前提。产权界定清楚,市场价格机制才能起到作用,资源才能有效地配置。产权制度是最基础的制度。

3. 交易成本

交易成本指为达成一笔交易需额外付出的成本,是经济制度建立和运行的成本。包括市场型交易成本、管理型交易成本、政治型交易成本等。交易成本来自人的有限理性,或者说是人的机会主义行为和交易双方的信息不对称。

4. 制度变迁

制度变迁的重要目标是节约交易成本,提高制度效益。制度变迁的过程是一种收益更高的制度对另一种收益较低的制度的替代过程。[①]

三、民法学

民法学是研究民事法律制度、民事法律现象和民法所反映的社会发展规律的科学。民法学涉及的相关重要概念有:

[①] 刘凤芹. 新制度经济学[M]. 北京:中国人民大学出版社,2015;卢现祥,朱巧玲. 新制度经济学(第二版)[M]. 北京:北京大学出版社,2012;诺斯. 制度、制度变迁与经济绩效[M]. 杭行,译. 上海:格致出版社,上海三联书店,上海人民出版社,2014.

1. 物权

物权也可以称为财产权。它是指直接支配特定物,而享受其利益的具有排他性的权利。主要有所有权、用益物权和担保物权三大类。所有权,指所有人依法对自己财产所享有的占有、使用、收益和处分的权利;用益物权,指以标的物的使用和收益为目的而设立的定限物权,比如地上权、地役权等;担保物权,指为担保债权的实现而设立的定限物权,比如抵押权、质权、留置权等。

2. 债权

债是按照合同的约定或者依照法律的规定,在当事人之间产生的特定的权利和义务关系。合同是当事人之间设立、变更、终止民事关系的协议。依法成立的合同,严格受法律保护。

3. 知识产权

知识产权主要有著作权、专利权、商标权、发现权、发明权和其他科技成果权等。

4. 人身权

人身权一般是指民事主体依法享有的与其人身不可分离而无直接财产内容的民事权利。人身权与财产权相对称。人身权包括人格权和身份权,其中人格权又分为生命权、健康权、姓名权、荣誉权等。人身权与财产权又分别被称为精神权利与经济权利。

民法的基本原则有:当事人在民事活动中法律地位平等;自愿、公平、等价有偿和诚实信用;保护自然人、法人合法权益;禁止民事权利滥用。[①]

---

① 王利明,杨立新,王轶,程啸.民法学(第4版)[M].北京:法律出版社,2015.

四、公共行政学

也称行政管理学,是研究政府运用行政权力处理公共事务、提供公共服务的管理活动的科学。其相关理论观点有:

1. 行政管理基础

公共行政权力作为国家行政管理的基础,其有效性主要取决于三个要素(即合法、合理、实际运用)的交互作用。

2. 公共政策

公共政策是政府系统对社会需求和支持的产出结果,是政府对市场和社会服务管理最为常见的方式。公共政策具有公共性、合法性、整体性和强制性的特点。

3. 行政效率

行政效率指的是国家行政机关及其工作人员从事行政管理活动的产出同所消耗的人力、物力、财力等要素之间的比率关系。提高行政效率的方式包括转变政府职能、简政放权、降低政府管理成本、加强行政法制建设、运用现代管理手段、加强公共行政的教育和培训等。

4. 行政改革

行政改革是行政系统逐步适应行政环境的过程。行政改革坚持适应性、整体性、科学性等原则。[①]

---

① 张国庆.公共行政学(第三版)[M].北京:北京大学出版社,2007.

第四节 研究方法

一、调查研究法

调查研究法是较为常用的社会科学研究方法,主要是指通过考察了解客观情况直接获取有关材料,并对这些材料进行分析的研究方法。由于本书研究是以现实应用为主要特征的,所以将重点开展实地调查访谈,到版权管理有关单位、行业企业以及版权作品市场,就版权管理存在的问题以及成因进行资料搜集和深度访谈。其中突出个别访谈,重点与知识产权法专家、版权行政管理人员、版权社会组织工作者等进行一对一的交流沟通。

二、文献研究法

文献研究法为绝大多数学术研究所采用,重在搜集、鉴别、整理文献,并通过对文献材料的研究形成对研究对象的科学认识。本书获取文献的方式包括实体方式和网络方式。实体方式一方面是购买、阅览图书报刊资料,另一方面是从版权行政管理部门、企业事业单位获取内部资料;网络方式主要是通过互联网,利用数据库、搜索引擎、门户网站等进行资料搜集。文献研究主要针对版权管理体制的历史沿革、版权管理体制的建设发展成就等研究内容。

三、质化研究方法

质化研究方法又叫定性研究方法,是根据社会现象或事物所具有的属性和在运动中的矛盾变化,从事物的内在规定性来研究事物的一种方法或角度。本书运用质化研究方法,对版权管理的一般规律和当前版权管理体制存在的问题成因,以及未来版权管理体制改革的基本方向进行分析,寻找质的规定性。

四、量化研究方法

量化研究方法又叫定量研究方法,主要是搜集用数量表示的资料和信息,同时对数据进行量化处理、检验和分析,从而获得有意义的结论的研究方法。本书运用量化研究方法,对涉及版权管理绩效、版权保护状况等重要指标的数据进行统计分析。

五、个案研究方法

个案研究方法也称个案历史法,主要是追踪研究某一个体或团体的行为的一种方法。它包括对一个或几个个案材料的收集、记录。本书使用个案研究方法侧重于对某一地域的版权管理体制改革情况进行分析。

第五节 文献综述

笔者通过网络、实体书店、调研访谈等方式,获得与本书研究主题相关的资料文献约500余篇(部)。结合研究主题,对文献涉及的相关内容综述如下。

一、版权管理的内涵与意义

从新中国颁布实施《著作权法》后,关于版权管理的内涵就基本上形成了共识。宋木文在1989年首先提出,版权管理可以分为三个方面:司法管理,即司法机构针对版权案件的司法活动,这是最高权威的管理,也是版权管理的主要形式;社会管理,即民间的或者采取民间形式的机构代表作者行使权利,从事保护作者权益的管理活动;行政管理,即政府主管机关通过行政手段对版权工作进行的管理。① 李明山等认为,根据《著作权法》的规定,我国的著作权管理主要通过以上三种形式实现。② 而在法律上,针对版权这种民事权利,刘春田③、李雨峰④等法律专家均从民事、行政和社会三个方面论述其侵权责任和保护手段。但对于版权工作,国家版权行政管理部门则从法制体系、行政管理体系、公共服务体系、社会参与体系、内部工作体系、国际应对

---

① 宋木文.宋木文出版文集[M].北京:中国书籍出版社,1996:689-690.
② 李明山,常青.中国当代版权史[M].北京:知识产权出版社,2007:234-239.
③ 刘春田.知识产权法[M].北京:中国人民大学出版社,2014:129-134.
④ 李雨峰,王迁,刘有东.著作权法[M].厦门:厦门大学出版社,2006:214-224.

体系六个方面立足和着眼。① 在具体的版权保护手段上，业界习惯分为行政保护和司法保护两个大的方面。

对于版权管理的意义，宋木文认为，"只有加强版权管理，才能使版权所有者的权利得到实现"②。实践当中，多从版权保护的角度论述版权管理的意义。柳斌杰强调版权保护有利于版权产业发展，有利于开启民智、提高全民法制观念，有利于树立国家文明、开放、进步的形象。③ 阎晓宏从适应经济发展新常态，推进依法治国和依法行政，履行国际承诺等6个方面强调了版权执法监管的重要性。④ 此外，一些新闻报刊也通过具体事例，论述了版权管理对保护企业经济利益、优化市场竞争环境的重要作用。⑤

二、知识产权强国的内涵与意义

虽然从2014年12月《国务院办公厅关于转发知识产权局等单位深入实施国家知识产权战略行动计划（2014—2020年）的通知》中正式提出"建设知识产权强国"开始，知识产权强国的概念就频频出现在社会公众视野中，但其内涵如何，在官方正式文件中一直未进行阐释界定。2015年12月国务院印发的《关于新形势下加快知识产权强国建设的若干意见》中，提出了"建成中国特色、世界水平的知识产权强国"

---

① 国家版权局.中国版权事业二十年[M].北京：人民出版社，2011：5.
② 宋木文.宋木文出版文集[M].北京：中国书籍出版社，1996：689-690.
③ 柳斌杰.版权注定要创造历史[M]//国家版权局.中国版权事业二十年.北京：人民出版社，2011：序言.
④ 阎晓宏.充分认识加强版权执法监管工作的重要性[J].出版参考，2015(6)：1.
⑤ 赖名芳.8.8亿元损失因版权管理避免——江苏志浩市场版权办10年维权显威力[N].中国新闻出版报，2007-5-25(1).

的目标,有学者研究提出,"知识产权强国是指在知识产权国际竞争中具有强大知识产权实力的国家,其具有知识产权综合能力强、知识产权制度优越、知识产权环境优良、知识产权绩效显著、知识产权国际影响力大等主要特征"①。

对于知识产权强国建设的意义,国家有关文件指出,其"为实施创新驱动发展战略提供有力支撑,为推动经济保持中高速增长、迈向中高端水平,实现'两个一百年'奋斗目标和中华民族伟大复兴的中国梦奠定更加坚实的基础"②。贺化提出,知识产权保护是实现强国梦的战略基点、大国崛起的必由之路。③ 吴汉东则提出,建设知识产权强国,是经济发展的基本现象、创新发展的基本保障、国家发展的基本方略。④

三、版权管理的问题

对于当前我国版权管理存在的问题,反映最集中的是版权保护水平总体上不能满足现实需要,在一些地区、一些领域侵权盗版现象还比较严重,特别是网络侵权现象还比较严重。⑤ 具体到行政管理、司法管理、社会管理等方面,有不同的呈现。

在行政管理方面,焦点在于行政管理机构设置和行政执法。不少学者指出,包括版权在内的知识产权行政管理机构在设置与职能方面

---

① 知识产权强国研究课题组.对知识产权强国建设的理论思考[J].知识产权,2015(12):3-9.
② 国务院.关于新形势下加快知识产权强国建设的若干意见[R/OL].(2015-12-22)[2016-12-10]. http://www.gov.cn/zhengce/content/2015-12/22/content_10468.htm.
③ 贺化.我国要成为知识产权强国[J].求是,2014(5):63-65.
④ 吴汉东.中国知识产权蓝皮书(2014—2015)[M].北京:知识产权出版社,2016:3-7.
⑤ 阎晓宏.加强执法厉行监管[N].中国新闻出版报,2011-11-24(5).

具有多元化、多层级和一体化的特点,[①]力量分散、管理效率不高。[②]但也有人认为,多种不同层级的职能一体行使,不符合法治原则;行政执法对私权的过多保护,有公共资源为私权服务之嫌;知识产权领域的对外沟通由商务部负责,导致内外有别,专业和服务信息传递不畅,声音不一致。[③] 对于版权行政执法存在的问题,丛雪莲[④]、於亚萍[⑤]等学者认为:一是版权行政执法被弱化,文化综合执法取代版权行政执法现象严重,不符合二者的法理依据;二是版权行政执法和版权司法衔接机制不顺畅;三是版权行政执法客观难度大,特别是网络行政执法,查处力度和惩罚力度都不够;四是执法队伍专业化程度有待提升。在司法管理方面,问题主要体现在法制不够健全、完善和司法管理的主导作用发挥不突出。董德华[⑥]、郭欣[⑦]等指出,我国知识产权制度法律保障不足,缺乏整体性和协调性;立法层次较多,法律效力的差别与弱化并存;法律体系相对滞后,跟不上形势发展需要。孔祥俊指出,司法保护的主导作用还不够,尚有较大差距。在社会管理方面,研究关注的问题主要是著作权集体管理和行业协会作用发

---

① 单晓光,王珍愚.各国知识产权行政管理机构的设置及其启示[J].同济大学学报(社会科学版),2007(3):99-105.
② 刘小成.关于完善地方知识产权管理机构的思考[J].安徽科技,2005(6):26-27.
③ 邹宝珍.论我国知识产权行政执法体制改革——美国《优化知识产权资源与组织法案》启示[J].福建行政学院学报,2009(6):16-20.
④ 丛雪莲.中国知识产权行政管理机构之设置与职能重构[J].首都师范大学学报(社会科学版),2011(5):137-141.
⑤ 於亚萍.行政管理护卫版权产业远航[N].中国知识产权报,2008-1-18(10).
⑥ 董德华.行政生态学视域下我国知识产权管理制度的困境及重构[J].淮海工学院学报(社会科学版),2011(21):25-28.
⑦ 郭欣.网络时代版权行政管理面临的困境与对策[J].中国出版,2013(5):25-27.

挥。①董榕萍②、张丰艳③等指出:我国著作权集体管理体制不顺,集体管理组织与政府关系过密,自治性不足,缺少社会监督;集体管理组织运行机制不顺,覆盖面不够,效率不高;集体管理市场形成垄断,缺少竞争,活力不够。

四、版权管理存在问题的原因

对于当前我国版权管理存在问题的原因,行业各界进行了分析解读。

关于版权保护水平不够、侵权盗版仍然严重,王志成④、赵杰⑤等认为,除了公众版权意识不够强,还与版权产业自身的特点有密切关系:与其他知识产权类型相比,版权侵权盗版成本低、制作易,现有惩戒震慑力度还不够;传播技术发展进一步降低了侵权盗版的成本,但提高了版权执法的难度,取证、确权、查人都需要更多的人力物力和更高的技术要求。此外,一些业界专家也指出,法律依据不足,知识创新能力还比较弱是版权保护力度不够的重要原因。⑥

就版权行政管理上存在的问题,董宏伟等指出,知识产权管理机构、制度沿革先后不一,是导致机构、职能分散的客观原因。⑦ 并且,行

---

① 孔祥俊.知识产权法律适用的基本问题:司法哲学、司法政策与裁判方法[M].北京:中国法制出版社,2013:15.
② 董榕萍.发展我国著作权集体管理制度的若干问题——以卡拉OK版权费风波为样本的分析[J].成都大学学报(社会科学版),2009(3):97-111.
③ 张丰艳.中国音乐版权集体管理组织发展滞后的原因与对策探析[J].现代出版,2015(6):40-42.
④ 王志成.版权执法面临形势和任务(上)[N].中国新闻出版报,2011-11-24(5).
⑤ 赵杰.互联网版权执法难在何处[N].中国新闻出版报,2015-9-10(5).
⑥ 毛俊玉.管理部门"披荆斩棘"规范版权秩序[N].中国文化报,2015-3-7(4).
⑦ 董宏伟.武汉市知识产权管理体制改革和创新研究[J].长江论坛,2014(6):35-40.

政管理部门具有集行政立法、管理、执法职能于一身的特点,致使其自身压力过大、负担过重,效率不够高。而版权执法存在问题的原因,有人提出,与版权部门缺乏足够的执法资源、法定权力有关。① 就司法管理存在问题的原因,业界研究较少涉及。就社会管理存在问题的原因,一些学者指出,主要在于中国著作权集体管理起步较晚、面临的问题众多而难以解决,中国著作权集体管理既要解决其他国家已经解决的传统问题,还要解决新技术带来的新问题。②

五、加强版权管理的对策建议

针对当前版权管理存在的问题,结合知识强国建设需要,业界对加强和完善版权管理提出了一些建议。

在版权行政管理方面,加强知识产权行政管理机构整合,成立国家知识产权总局是业界呼声较高的意见之一,比如刘杲③、赵雯④均有相关文章对此进行阐述。有人提出,要从法理学出发,成立专门的知识产权行政执法队伍,使行政管理和行政执法相分离,集中配置执法资源。⑤ 比如参照铁路、森林等部门的做法,单独设立"知识产权警察队伍"⑥。董宏伟等则就上海、深圳、苏州、长沙等地方政府知识产权行政管理和行政执法的改革实践进行了总结,提出了整合知识产权行政

---

① 李长江.创新版权执法方式带来权威效应[N].中国新闻出版报,2010-7-15(8).
② 邹韧,方圆.2009版权集体管理:应对数字化挑战[N].中国新闻出版报,2009-12-21(7).
③ 刘杲.出版笔记[M].石家庄:河北教育出版社,2006:424-426.
④ 谢臻.建"三合一"知识产权管理体系[N].联合时报,2015-3-10(5).
⑤ 董德华.行政生态学视域下我国知识产权管理制度的困境及重构[J].淮海工学院学报(社会科学版),2011(21):25-28.
⑥ 张海志,王习三:建议成立独立的知识产权执法体系[N].中国知识产权报,2009-3-13(3).

管理的建议。① 对于版权行政执法,以中央《关于进一步深化文化市场综合执法改革的意见》为代表,版权行政执法纳入文化市场综合执法成为行业各界的共识,但也有人提出,版权行政执法要相对独立,强化专业性。② 对于版权行政执法实践,加强执法协作、完善长效机制、抓好重大案件查办等是行业主管部门强调的工作方向。③

在版权司法管理方面,学者论述较多的是进一步发挥司法管理的主导作用,加强行政执法与司法保护的衔接。在法律制度建设方面,曹新明、张建华、吴汉东等知识产权专家强调知识产权法典化,将知识产权从民法中分出,单独成典。④ 刘春来指出,要逐步弱化并取消目前行政执法和司法并行的"双轨制"。姜芳蕊⑤、邹芸潞⑥等指出,应逐步完善知识产权立法,强化司法审查,制定知识产权法典;加强行政执法和司法衔接,统一执法标准,强化法律监督。加强知识产权保护的司法部门、行政部门、社会服务机构以及企业和个人的协作。

在版权社会管理方面,学者注重借鉴西方发达国家的著作权集体管理制度,提出我国著作权集体管理改革建议。杨贵山提出版权管理标准化、网络化。⑦ 巫景飞⑧、杨宏芹⑨等建议推动著作权集体管理的

---

① 董宏伟.武汉市知识产权管理体制改革和创新研究[J].长江论坛,2014(6):35-40.
② 国家版权局版权管理司.关于建立健全版权工作六大体系的分析与思考[R].2007-10-20.
③ 赖名芳.科学谋划"十三五"版权监管执法工作[N].中国新闻出版报,2015-12-18(2).
④ 曹新明,张建华,吴汉东.知识产权制度法典化问题研究[M].北京:北京大学出版社,2011:128.
⑤ 姜芳蕊.知识产权行政保护与司法保护的冲突与协调[J].知识产权,2014(2):76-81.
⑥ 邹芸潞.我国知识产权政府管理问题对策研究[D].哈尔滨理工大学,2013:36.
⑦ 杨贵山.未来版权管理模式初探[N].中国图书商报,2001-7-10(9).
⑧ 巫景飞,芮明杰.版权集体管理组织:美国音乐产业的考察——交易费用经济学的视角[J].中国工业经济,2007(2):119-126.
⑨ 杨宏芹,黄海榕.我国著作权集体管理组织的法律规制——以美国版权结算中心为视角[J].世界贸易组织动态与研究,2012(6):24-28.

市场化,促进竞争,提高集体管理水平;健全著作权集体管理组织;理顺政府和社会组织的关系,强化问责、加强监督;建立仲裁机构,解决版权纠纷。此外,也有论者提出,应实行相对垄断的集权管理模式,建立全国统一的垂直管理体系,或者组建国家知识产权经营管理公司。①

吴汉东等学者从民法学、公共行政学等角度提出,建立以知识产权制度为导向的、完善的公共政策制度体系。②

---

① 谢朝阳,吴永林,程正中.知识产权保护的帕雷托改进——组建国家知识产权经营管理公司的设想[J].科技进步与对策,2009(13):26-29.
② 张晋.吴汉东建议学习借鉴发达国家知识产权管理经验[N].中国知识产权报,2007-4-6(3).

第二章
历史变迁——版权管理体制建设发展历程

逻辑与历史相统一,是马克思辩证唯物主义的基本原理之一。[①] 更重要的是,历史的经验往往又是现实实践的参考。中国当下的版权管理体制是在中华人民共和国成立后的六十余年里逐步建设完善的,探讨中国版权管理体制改革,其内在逻辑出发点应是版权管理体制的历史沿革。

作为一种上层建筑的有机部分,版权管理体制的嬗变轨迹植根于整个社会经济基础,尤其是版权相关产业经济的发展。作为一种制度体系,版权管理体制的演化变迁又有其内生逻辑,有较为明显的标志节点。因此,论述中华人民共和国建国以来的版权管理体制沿革,其主线既要遵循这一阶段经济社会发展的大动脉,更要凸显版权管理体制建设发展的历史脉络。因此,我们按照"酝酿萌动(1949年—1976年)""孕育准备(1977年—1989年)""迅速发展(1990年—2000年)""与时俱进(2001年—2009年)""全面深化(2010年—2017年)"五个时期,基于建设知识产权强国、推进版权管理体制改革的研究目的,从马克思主义政治经济学和新制度经济学的有关理论出发,以制度与市

---

① 任琳.浅析马克思主义"逻辑与历史相统一"的原理与方法[J].哈尔滨市委党委学报,2012(3):7-11.

场、上层建筑与经济基础的互动为切入点,分析各个时期版权管理体制的变化特点及未来方向。

第一节 酝酿萌动(1949年—1976年)

中华人民共和国成立后至"文革"结束,国家经济建设的重心是逐步建立完善以公有制为绝对主导的社会主义计划经济,集中发展工业,政治上强化意识形态管理,巩固以工人阶级为领导的人民民主专政政权。不承认私有制、私有产权,对知识分子的政治地位和精神劳动价值难以充分肯定,弱化知识产品价值和文化行业经济功能,是这一时期社会制度环境的重要特点。版权制度基础——私有财产权——的缺失,创造主体——往往是知识分子——的弱势,以及行业经济的孱弱,决定了这一时期版权管理体制处于酝酿萌动阶段。

一、历史脉络:围绕知识分子的管理手段

现代意义的版权制度在中国建立,源头是《大清著作权律》(1910年),随后是北洋政府的《著作权法》(1915年)和国民政府的《著作权法》(1928年)。[①] 中华人民共和国建立后,旧有版权体制被推翻,法律意义上的"版权"概念缺失,但是比照现有版权权利内涵和版权管理范畴,版权管理活动却客观存在,即规定"使用作品支付报酬"[②]——重中之重是让作者获得稿酬,因此,在相当长的一段时期内稿酬事务管理

[①] 王兰萍.近代中国版权法的成长(1903—1910)[M].北京:北京大学出版社,2006:191-192.
[②] 宋木文.当代中国版权制度建设的历程[J].韶关学院学报(社会科学版),2006(7):1-3.

很大程度上成为探讨版权管理问题的代名词。

与西方在确立私有产权的前提下,基于"出版产业有序分配产业利益的需求"①认识版权、确定作品报酬不同,中国由于当时的社会体制和背景,认识稿酬的逻辑起点是知识分子的政治地位和知识劳动的报酬。当时在政治上,一方面要争取知识分子,另一方面又要加强思想改造。对于知识劳动,主流社会舆论认为,"乃是利用属于社会所有成员的知识的社会活动",不能获得"私权利益",不可"把作品当成了作者的私有财产"。② 所以,要避免"过高的稿酬标准,使一部分人的生活特殊化,脱离工农群众,对于繁荣创作并不有利"③。而稿酬制度,则"不利于知识分子的社会主义改造"④。因此,降低稿酬、限制稿酬成为舆论潮流,稿酬管理的主旨则是使知识分子获得与其政治地位适应的劳动收入,服从政治需要。而对于与稿酬相关的知识分子的劳动成果——版权作品——及其相关行业的管理,一方面是国家政治管理的重要手段,从精神层面巩固社会主义政权的思想基础,另一方面是对从事精神文化活动的文艺工作者的领导管理,以确保政治安全。

虽然一些文化人士曾经发出加强版权保护的呼声,行业管理部门也尝试制定版权法规,但在反对"知识私有"和"资产阶级法权余孽"的呼喊声中,都很快被湮没,更遑论独立的版权意识和版权管理观念。

---

① 丁丽.版权制度的诞生:从古登堡印刷术到安娜女王法[J].编辑之友,2016(7):100-103.
② 李雨峰.思想控制与权利保护——中国版权法的历史演变[D].重庆:西南政法大学,2003:135.
③ 李雨峰.思想控制与权利保护——中国版权法的历史演变[D].重庆:西南政法大学,2003:135.
④ 李明山,常青.中国当代版权史[M].北京:知识产权出版社,2007:59-60.

二、制度体系:围绕稿酬管理的政策规章

这一时期,"我国虽然没有颁布著作权法,但在宪法和有关法律法规中,有关于保护著作权的规定。著作权保护只是制度不健全,法规不完善"[①]。不过,就实际情况来看,除了版权行业以加强行业管理为目的的法律法规,这一时期版权制度主要围绕稿酬管理展开,制度形式则以部门规章和政策文件为主体。这些制度也是后来版权法律正式构建的制度基础与思想基础。

诸多规章制度中比较有影响、也为这一时期版权工作奠定管理理念基础的是《关于改进和发展出版工作的决议》。该制度在1950年全国第一次出版工作会议上制定,其中关于版权的原则规定,"逐渐成为之后处理版权问题的依据"[②]。此后,受特殊的政治环境的制约,《关于国营剧团试行付给剧作者剧本上演报酬的通知》(1956年)、《关于文学和社会科学书籍稿酬的暂行规定(草案)》(1958年)、《关于故事片各类稿酬的暂行办法》(1962年)、《关于改革稿酬制度的通知》(1964年)等政策规章和有关文化单位建立的稿酬标准与办法、出版合同等行业规则,共同构成了以稿酬管理为中心的版权管理制度体系。这些制度的核心是将稿酬限制在一个适宜的范围内,至于作者的精神权利等,则未涉及。

在涉外版权管理上,《为出版翻译书籍应刊载原本版权说明的通知》(1951年)、《翻译出版外国著作对原著作人是否支付稿酬的意见》

[①] 沈仁干,钟颖科.著作权法概论[M].北京:商务印书馆,2003:253.
[②] 李雨峰.思想控制与权利保护——中国版权法的历史演变[D].重庆:西南政法大学,2003:137.

(1954年)是两个重要的政策文件,成为处理涉外版权的重要制度依据。

值得一提的是,这一时期,国家注重加大制度供给,比如1957年文化部公布《保障出版物著作权暂行规定(草案)》。尽管,在反对"知识私有"和"资产阶级法权余孽"的呼喊声中,该草案最终搁浅,但呼应了业界的制度需求,体现了制度推进的努力。

三、管理机制:以行政管理为主导的工作体系

当时的版权事务管理,稿酬管理是核心,主要内容是针对出版、文化领域的作者以及传播者的经济权利的管理。由于从版权角度管理文化行业尚未有认识基础和法律依据,所以,版权管理的实际形态就是相关行政管理部门对各领域内稿酬事务的管理。与版权制度建设发展的一般规律相似,我国版权管理最初的主要领域是出版行业,所以这一时期出版行业行政管理部门承担了版权管理的大部分事务,其他与版权有关的文化行政管理部门则承担本领域内的版权相关事务管理职责。

在管理机构设置上,出版行业管理主要由出版行政管理部门实施。出版行政管理部门先后经历了中央人民政府出版总署、文化部出版事业管理局、国家出版事业管理局等不同阶段。其他行政管理部门主要是文化行政管理部门、广播电影电视行政管理部门等。此外,文联、作协等具有一定政府管理职能的人民团体,出于团结凝聚文艺界的知识分子的政治需要,对文艺创作活动以及作品成果也行使一定的管理权力。比如,1960年经中央批转下发的《关于废除版税制,彻底改革稿酬制度的报告》,就是由文化部和中国作协联合制定的。

第二节 孕育准备(1977年—1989年)

结束"文革",实行改革开放,中国经济社会发展呈现天翻地覆的变化,为法律意义上的版权权利的确立、版权制度的诞生奠定了政治、经济和社会基础。这其中的关键是对社会主义本质认识的革命性变化,充分认识知识和知识分子在生产力发展中的地位和作用,为版权制度在政治上立足提供了基本前提。而商品经济的逐步活跃,特别是对外开放过程中围绕版权等知识产权而产生的经济利益博弈,真正把版权的问题推到了历史前台。事实上,也正是融入世界经济体系的需要,才使版权这一国内呼吁已久的法定权利逐步落地。虽然这一时期版权制度并未正式出台,一直处于准备工作中,但是十多年的法律起草修改过程,推动了中国社会版权观念的逐步形成。

一、历史脉络:从稿酬管理到事务管理

和前一时期具有关联性的是,在版权法正式出台前和起草制定版权法的过程中,稿酬问题和使用作品报酬问题虽然是整个版权管理的重点乃至全部。比如"文革"结束后,对版权保护具有首要影响的是恢复稿酬制,而这又被视为版权保护的重要基础。随着版权观念的逐渐确立,版权保护和整个版权管理工作的范围不断拓宽。先是稿酬制恢复,知识分子通过脑力劳动获得报酬的问题完全获得了政治合法性,特别是法律意义上私权的确立,为探索建立真正意义上的版权制度确立了政治和思想基础。十一届三中全会之后,经济政策的调整和经济

建设的迅速推进,使得基于稿酬问题的版权保护事项逐渐凸显:其中既有作者对版权经济利益和精神权利的强烈的诉求,也有作品使用者对扩张版权经济权利的抵制——当时反对版权法颁布的教育界、科技界有关人士,担心版权立法将为购买使用外国科技文化作品带来巨大经济压力。① 但总体上看,版权权利的内涵和地位得到不断拓展和巩固。虽然版权法并未颁布,但是版权的概念进入法律层面,规定版权保护客体、主体以及权利救济渠道的规章制度也逐渐建立。

不过,这一时期,更具有全局性影响的是,通过中美高能物理谈判以及其他对外经济文化交流活动,当时的中央决策层充分认识到版权立法的重要意义——1979年,起草版权法并加入国际版权公约的报告得到了胡耀邦、耿飚等国家领导人的批示,有关部门便着手启动版权立法工作。而版权立法相关工作的筹备、推进,也推动版权行政管理机构先后建立、版权国际交往逐渐开展、版权管理理念逐步成型,整个版权管理体系的基本框架初步确立。在这一过程中,值得注意的是,"版权问题在没版权局的情况下,自然应归出版局管"②。所以,最早从事版权事务管理、承担版权立法工作任务的国家机构是出版行政管理部门。然而,这样的思维在成立新的国家版权管理机构时,却遭遇了始料不及的阻力——甚至也为后来版权管理的顶层设计和战略定位带来难题。有人认为版权与出版是一回事,由出版管理部门统管即可。不过最终,1987年国务院高层形成共识,出版管理重在管出版物,版权管理重在保护作者权益,两者是不同的方式③——这实际上阐明了出版管理是利用公权进行行业管理,版权管理是依法保护私权、重

---

① 宋木文.宋木文出版文集[M].北京:中国书籍出版社,1996:682.
② 李明山,常青.中国当代版权史[M].北京:知识产权出版社,2007:170.
③ 国家版权局.中国版权事业二十年[M].北京:人民出版社,2011:53.

在权利管理的本质区别。

二、制度体系：围绕事务管理的部门规章

这一时期，由于作为版权管理基本法律基础的版权法处于正式颁布前的准备阶段，整个制度体系还主要沿袭前一时期的模式，以与稿酬管理有关的部门规章为主，同时也出现了正式以版权保护为主题的制度文件。

就稿酬管理制度而言，1977年国家出版局公布的《新闻出版稿酬及补贴试行办法》是较早的恢复稿酬制度的文件。此后，《书籍稿酬试行规定》(1984年)、《美术出版物稿酬试行办法》(1984年)、《付给戏剧作者上演报酬的试行办法》(1985年)等形成了稿酬管理的基本法定依据。而对于版权保护，这一时期在规章制度建设方面也颇有建树。1984年文化部颁布了《图书、期刊版权保护试行条例》，正式确立"版权"的政策用语和现实概念，并且对版权保护的主体、客体、保护期、权利救济等都作了规定，大大拓展了版权管理的范畴，并且也初具版权法规雏形。它"在全国性的版权保护法律出台之前，对国内的版权纠纷的调处具有相应的法律效力"[①]。此后，1987年广电部出台了《录音录像出版物版权保护暂行条例》，也具有一定的法律效力。

需要注意的是，虽然这一时期《著作权法》没有颁布，但是许多基本法律中已经出现了著作权的相关条款，比如1985年的《继承法》规定了可以继承的遗产范围包括公民的著作权、专利权中的财产权；1986年的《民法通则》明确规定了公民、法人依法享有著作权，并且指

---

① 李明山,常青.中国当代版权史[M].北京:知识产权出版社,2007:125.

出了对抗著作权侵权的途径。① 这些规定,坚定了著作权法制定出台的思想基础,为其提供了法律依据。

在涉外版权制度建设方面,《图书、期刊版权保护实行条例》等规章制度有所涉及,专门规定涉外版权管理的规章文件却没有出现。因为缺少与国际接轨的版权法律,虽然我国早在1980年就加入世界知识产权组织,但版权的国际制度建设暂付阙如。但是与制定版权法的决心相似,这一时期中央决策层也认识到加入国际版权公约的重要性,问题在于条件是否成熟。

三、管理机制:以行政管理为主的工作架构

这一时期的版权管理,从原来的单一化的稿酬事务管理起步,已经逐渐形成了以版权行政管理为主体,社会管理开始起步,司法管理不断加强的格局。版权管理的理念也从无到有。在起草制定《著作权法》的进程中,条理逐渐明晰:行政管理、司法管理、社会管理三者各司其职,相互配合。其具体体现是1987年在山东青岛召开的全国版权工作座谈会、1989年在浙江杭州举办的全国版权局局长研讨班中,国家版权局领导宋木文、刘杲等就版权管理的行政管理、司法管理、社会管理统筹结合问题进行了深入阐述。②

在行政管理方面,行政管理部门逐步设立,活动逐步展开。由于最初的稿酬管理以及此后的版权管理,其规章制度的设计、管理活动的开展均由出版行政管理部门主导,所以,版权行政管理机构脱胎于

---

① 国家版权局.中国版权事业二十年[M].北京:人民出版社,2011:26.
② 李明山,常青.中国当代版权史[M].北京:知识产权出版社,2007:178-187.

出版行政管理机构。1982年国家出版局设立版权处，1985成立国家版权局与国家出版局，实行"一个机构、两块牌子"的模式，即版权行政管理采取出版管理和版权管理合二为一的方式。在地方，1987年甘肃省率先成立省级版权局，此后，全面各个省级地方政府都成立了版权局，基本上都采取了与中央一致的工作格局。在中心城市和地级市，则往往是在新闻出版、文化、广电等行政管理部门内设置版权管理机构。版权行政管理机构设立后，就正式承担了版权管理的相关职责，既包括稿酬管理等事务，也包括版权保护的权利管理。在社会管理方面，1988年中华版权代理总公司的成立具有一定的标志意义，而在1989年8月，辽宁省率先成立了辽宁省版权协会，此前，中国版权研究会的筹备工作则已经按部就班开展。在司法管理方面，虽然没有版权法，但是《民法通则》等法律和有关部门规章均规定了版权权利保护的内容，各级人民法院承担了受理版权纠纷诉讼的责任，而版权司法管理的主要内容也是依法调处版权纠纷。

第三节 迅速发展(1990年—2000年)

从1990年《著作权法》颁布至2001年加入世界贸易组织（"入世"）前夕，中国经历了巨大的社会转型，为版权制度建设迅速推进提供了丰厚的制度基础。版权立法，奠定了版权制度的根基。社会主义市场经济体制建立，产权私有得到认可，以精神产品交易为核心的文化经济勃兴，以及个人权利的法制保障，形成了现代版权制度的经济基础和法制条件。对世界经济、尤其是发达资本主义经济体系开放和融入的强烈诉求，大大加快了版权管理以及一系列制度体系构建的进程。

一、历史脉络：从事务管理到以权利为基础的全面管理

随着新中国第一部《著作权法》于1990年颁布，版权管理的概念和范畴发生了翻天覆地的变化。首先是版权权利法律地位确立，并形成了完善的权利体系内容；在此基础上，围绕版权权利的保护和实现，形成了包括版权作品登记、版权代理、版权保护等多方面的版权管理活动，而版权作品则随着版权立法和科技发展，除了以往的文化艺术作品，还包括软件和网络信息作品等。其次是版权管理范畴的变化。在《著作权法》起草制定的过程中，业界对版权管理逐渐形成了"三驾马车"——司法管理、行政管理、社会管理并行不悖的思路：司法管理将是以后的主要形式，行政管理是中国特色，将长期存在，社会管理要不断加强，发挥积极作用。[1] 而《著作权法》正式颁布后，根据权力法定的原则，版权管理的相关工作和活动也在有关法律法规的范围内开展，事实形成了"三驾马车"并行前进的局面。

知识产权相关产业在国际和国内迅速发展，受到长期的出版管理和版权管理合二为一的历史惯性和机制约束，版权管理独立发展、脱离出版管理的呼声日渐高涨。较有代表性的是原新闻出版署副署长刘杲1998年在全国政协九届一次会议上提出，将专利局、商标局、版权局合并，设立知识产权总署。[2]

---

[1] 李明山,常青.中国当代版权史[M].北京:知识产权出版社,2007:178-187.
[2] 刘杲.出版笔记[M].石家庄:河北教育出版社,2006:424-426.

二、制度体系：多方推动下的丰富供给

在改革开放、融入世界的过程中，版权成为中国建设发展一个绕不开的问题。从最高决策层的视野来看，建立、完善版权制度势在必行。对于社会主义国家而言，主动调整上层建筑，更好适应经济基础，既是自身的体制优势，同时也符合制度变迁过程中国家意志起主导作用的规律。这一时期，在国家力量的强力推动下，制度供给呈井喷之势，短短十多年完成了西方社会几百年走完的历程，初步构建了适应社会发展的版权制度体系。

在国内法建设上，随着全国人大 1990 年颁布《著作权法》，新中国的版权制度建设开启了崭新的历史进程。《著作权法实施条例》（国务院 1991 年颁布）、《计算机软件保护条例》（国务院 1991 年颁布）、《著作权行政处罚实施办法》（国家版权局 1997 年颁布）等版权法律法规相继出台。与此同时，《行政诉讼法》（1989 年）、《行政处罚法》（1996 年）、《刑法》（1997 年）、《行政复议法》（1999 年）等法律均对版权保护作出了规定，特别是版权犯罪进入《刑法》和版权相关司法解释的陆续出台，有力完善了版权司法保护的制度体系。

在国际法建设上，中国 1992 年加入《世界版权公约》和《伯尔尼保护文学艺术作品公约》，1993 年又加入了《保护录音制品制作者防止未经许可复制其录音制品公约》（又称《日内瓦公约》）。为了保障国际公约的有效履行，1992 年国务院还颁布《实施国际著作权条约的规定》，从而形成了较为全面的国际法体系。

三、管理机制:"一体两翼""三足鼎立""多方协调"的工作格局初步形成

在版权管理体制机制的建设完善进程中,中国版权管理"一体两翼""三足鼎立""多方协调"的工作机制逐渐形成。

所谓"一体两翼",主要是指版权行政管理采取了出版管理和版权管理合二为一的方式,虽然形式上是两个体系,但是实际上是一班人马,即常说的"一个机构、两块牌子"。所谓"三足鼎立",主要指版权管理总体上实行行政管理、司法管理、社会管理依法履职、协作配合的机制。版权行政管理主要是各级版权行政管理部门依据《著作权法》,承担版权政策制定和实施、版权行政保护、版权作品登记等事务。司法管理主要是各级公检法机关依法保护著作权——既包括处理围绕私权的民事纠纷、行政案件,也包括查处侵害公共利益的违法行为。为了提升司法管理效率和水平,1993年北京设立知识产权审判庭,探索知识产权审判"刑事、民事、行政"三审合一,之后许多法院都设立了类似机构,形成了比较完备的组织体系。而社会管理,主要是依法成立的社会组织开展版权事务中介服务和行业自律工作,较有典型意义的是中国版权研究会(1990年)、中国音乐著作权协会(1992年)等行业协会。中国版权保护中心(1998年)等服务机构的成立,体现了行业活动的繁盛、行业意识的觉醒,象征社会管理慢慢起步。所谓"多方协调",主要是指,由于版权管理的社会性强、涉及面广,针对版权管理形成了多个部门协同配合的工作机制。其中既有传统的文化行业行政管理部门、司法部门、市场管理部门,也有逐渐建立健全的知识产权工作部门。由于版权是整个知识产权的分支领域,所以,"多方协调"的

主体是知识产权协调保护机制。其中具有代表性的是1994年国务院建立知识产权办公会议制度，由国务委员宋健主持，统筹工商、公安、文化、海关等各方力量开展知识产权管理。此外，我国还设立了国家保护知识产权执法小组，强化执法协调。

第四节 与时俱进(2001年—2009年)

与改革开放后中美高能物理谈判及相关协议签订的影响相似，2001年中国加入世界贸易组织，遵守相关协议，特别是《与贸易有关的知识产权协议》的承诺，对版权管理相关制度体系的改革完善，既有速度的促进，更有质量的提升。但根本还在于经济基础层面的强烈制度需求——前一时期制度构建对版权生产力发展的促进作用减弱，文化产业概念确立，信息传播新技术、版权消费新需求等综合放大，以及中国经济发展迈入全球前列。事实上，是内在和外在的双重压力和推力，使版权管理体制进入与时俱进、改革完善的新阶段。

一、历史脉络：从权利保护到发展战略

"入世"过程中美国对知识产权保护的执着，包括版权贸易在内的知识产权贸易的繁荣，特别是2006年以后深化文化体制改革、增强国家文化软实力的战略需求，巩固和提高了版权管理的政治地位和社会地位。具有划时代意义的是2008年《国家知识产权战略纲要》的颁布，大大凸显了知识产权的重大战略价值，使版权管理由一般的权利保护转向国家发展战略。

不过,这种以战略纲要形式颁布的政策文件,并没有解决现实中版权管理的定位问题。在宏观视野中,版权管理在知识产权管理的语境中展开,以权利保护、特别是财产权利保护为重点,成为知识产权管理的分支领域,被纳入创新型国家建设;在工作实践中,版权管理,尤其版权行政管理与文化建设关系紧密,版权相关产业往往与文化产业相互替代,但更多时候政府和社会各界更强调文化产业,而且受管理体制制约,大文化管理理念中较少涉及版权,而是强调文化产权。这一方面导致版权管理在战略层面话语权的不足,另一方面也使以后的版权管理体制改革在战略方向上出现争议——是与知识产权其他部门整合,还是更深入地融入文化管理体系。不过,这一时期值得关注的一个现象是,国家版权局从2007年借鉴国际经验,开始中国版权相关产业经济贡献的调研,并大力引介世界知识产权组织推广的版权相关产业经济贡献调研理念与成果,推动了社会各界从版权角度认识和管理版权相关产业,强化了版权在经济社会建设发展过程中的重要地位。

现实中,由于政府管理中存在行政管理头绪多、力量不均的弊病,学界更多倾向于推进版权、商标、专利等知识产权行政管理机构的整合,政府部门则从2004年以后全面推进文化市场综合执法改革,强化版权行政执法机构与文化(文物)、新闻出版、广电等领域行政执法机构的整合,同时又始终强调知识产权相关工作的统筹协作。而版权行政管理、司法管理、社会管理的关系在不断厘清。《国家知识产权战略纲要》首提"发挥司法保护知识产权的主导作用";版权管理积极向社会管理划转部分职能,同时业界也建议减少行政力量干预社会管理。[①]

---

① 宋慧献.寻求利益的平衡——《著作权法》修改的若干问题备忘[J].知识产权,2001(10):55-59.

二、制度体系：以改革、完善、接轨为关键词

《著作权法》颁布十多年后，版权管理制度体系一方面基于国情和行业实践，丰富完善、改革创新，凸显中国特色，另一方面深度融入世界，与国际版权制度体系全面接轨。

在国内法方面，2001年，《著作权法》颁布10年后首次修改。这次"重新修订的《著作权法》的修改涉及众多条款，是比较全面的，被法律专家称为'中国知识产权保护上的里程碑'"①。这开启了中国版权制度体系建设的"2.0时代"。此后，《计算机软件保护条例》（2001年）、《著作权行政处罚实施办法》（2003年）等修订，《著作权法实施条例》（2002年）、《计算机软件著作权登记办法》（2002年）、《著作权集体管理条例》（2004年）、《互联网著作权行政保护办法》（2005年）、《信息网络传播权保护条例》（2006年）、《广播电台电视台播放录音制品支付报酬暂行办法》（2009年）等出台，《著作权涉外代理机构管理暂行办法》（2009年）等废止，改、立、废并举，标志版权管理制度建设进入新阶段。此外，与知识产权犯罪有关的司法解释陆续颁布，强化了版权管理的司法保障。

在国际法方面，2001年加入了《与贸易有关的知识产权保护协议》，开启了版权国际保护的全新时代，2007年又加入了《世界知识产权组织版权条约》和《世界知识产权组织表演和录音制品公约》，至此，中国已经加入了国际上主要的版权法律体系。

---

① 国家版权局.中国版权事业二十年[M].北京：人民出版社，2011：42.

三、管理机制：改革深化"一体两翼""三足鼎立""多方协调"的工作格局

在"一体两翼"方面，随着 2001 年国家新闻出版署升格为国家新闻出版总署，晋升正部级单位，国家版权局在继续与之保持"一个机构、两块牌子"体制的同时，提升了行政层次。省级层面也基本如此。但在中心城市和地市层面，这种体制有所突破，广东省深圳市、江苏省苏州市、湖南省长沙市等地方将版权管理机构从新闻出版管理机构中剥离，纳入知识产权行政管理机构。①

在"三足鼎立"方面，版权行政管理职能突出监管和执法，登记服务等职能划转社会组织。但在执法机制上，2004 年、2009 年中央层面两次印发文件，深入推进文化市场综合执法，②受此影响，大部分地方版权行政执法机构进入文化行政执法体系，独立执法能力被削弱。司法管理进一步完善，各级法院探索建立专门的知识产权审判部门，统一受理知识产权民事、行政和刑事案件，③司法管理的作用更加突出。社会管理迈入新纪元，中国音像著作权协会（2005 年）、中国文字著作权协会（2008 年）、中国摄影著作权协会（2008 年）、中国电影著作权协会（2009 年）等著作权集体管理组织和版权交易中介机构相继成立，中

---

① 叶宗雄,丁海涛,许春明.上海浦东知识产权综合行政管理体制[J].中国发明与专利,2015(3):6-9.

② 2004 年,中共中央办公厅、国务院办公厅转发《中央宣传部、中央编办、财政部、文化部、国家广电总局、新闻出版总署、国务院法制办关于在文化体制改革综合试点地区建立文化市场综合执法机构的意见》(中办发〔2004〕24 号文件);2009 年,中宣部、中央编办、文化部、国家广电总局、新闻出版总署联合印发《关于推进文化市场综合执法改革工作的意见》(中宣发〔2009〕25 号)。

③ 国家版权局.中国版权事业二十年[M].北京:人民出版社,2011:93.

国版权研究会更名中国版权协会,诸多民间版权保护组织纷纷组建,体现了社会管理日益活跃、功能不断凸显的趋势和态势。

在"多方协调"方面,2004年,国务院成立了以国务院副总理为组长的国家保护知识产权工作组,涵盖17个部门单位,其中,最高人民法院、最高人民检察院等司法机构承担统筹协调全国知识产权保护工作的职责。这有效完善了跨部门的知识产权执法协作机制。2008年,国务院批复同意实施国家知识产权战略实施工作部际联席会议制度,由国家知识产权局牵头,28个部门单位参加,统筹协调国家知识产权战略实施工作。

第五节　全面深化(2010年—2017年)

21世纪的第二个十年,中国经济社会发展跃升到一个新层次。经济总量稳居世界第二位,中国版权产业行业增加值不断跃升,占GDP的比重已经接近澳大利亚,高于荷兰、芬兰等国家,[①]催生了更为强劲的版权制度改革创新需求。而在新的历史时期,中国共产党提出国家治理体系和治理能力现代化的战略目标,推进全面深化改革、全面依法治国,为版权管理体制的新发展带来了难得的历史机遇。

一、历史脉络:发展战略视野中的版权综合管理改革

2012年提出的文化强国战略、2015年提出的知识产权强国战略,

---

① 崔巍.2013年调研报告发布中国版权产业实现较快增长[EB/OL].(2016-1-5)[2016-8-29]. http://www.chinanews.com/cul/2016/01-05/7701492.shtml.

在更高层次上强调了版权管理的重要意义。更为显著的变化是,虽然版权管理依然有文化管理、知识产权管理的二重性,但版权管理独立性增强,与知识产权管理的联系更为紧密、协同性不断增强,版权管理范围从出版产业向整个版权产业的拓展力度加大,涉及影视、软件、音乐等——这既是管理思维的转变,也是现实逻辑的体现。更重要的是,版权等知识产权成为现代产权体系的组成部分。[①] 而在 2016 年颁布的《国民经济和社会发展第十三个五年规划纲要》中,"知识产权"一词出现高达 8 次,表明包括版权在内的整个知识产权工作受到前所未有的重视。

在全面深化改革的大背景下,版权管理体制改革也被提上议事日程。集中体现是 2015 年国务院颁布《关于新形势下加快知识产权强国建设的若干意见》,明确提出"研究完善知识产权管理体制",并且第一次提出"鼓励有条件的地方开展知识产权综合管理改革试点"——这是对一些地方改革实践的总结,也是对未来探索方向的指引。而在 2016 年 12 月 5 日,中央全面深化改革领导小组审议通过了《关于开展知识产权综合管理改革试点总体方案》,强调"开展知识产权综合管理改革试点","推动形成权界清晰、分工合理、责权一致、运转高效的体制机制"。不过实践中依然是两条脉络:版权行政执法随着文化市场综合行政执法迈向巩固深化的新阶段,更加深入;版权行政管理和执法机制与知识产权管理有关领域整合的地方性创新探索不断加强。

在版权行政管理、司法管理、社会管理的三大领域,行政职能精简集中,更加聚焦执法监管,司法管理更加专业高效,社会管理日益壮

---

① 2016 年中共中央、国务院发布《关于完善产权保护制度依法保护产权的意见》,明确提出,"坚持全面保护。保护产权不仅包括保护物权、债权、股权,也包括保护知识产权及其他各种无形财产权"。

大,发挥作用更加突出。

二、制度体系:突出改革创新主线

这一时期的制度建设,在继续改革完善的基础上,更加注重结合国情和行业实际创新构建中国版权制度体系。

在国内法方面,2010年第二次修订《著作权法》、2012年启动第三次修订《著作权法》工作,象征着修法工作常态化,步入版权法制建设的"3.0时代"。这一时期先后制定了《著作权质权登记办法》(2010年)、《著作权资产评估指导意见》(2010年)、《使用文字作品支付报酬办法》(2014年)等法规制度,新法制定速度下降,重在修改完善原有制度体系。在司法制度方面,出台了有关司法解释,制定了知识产权审判的指导性文件。

在国际法方面,2012年《视听表演北京条约》在北京缔结,2014年全国人大批准实施,标志着我国版权国际法制建设进入主动创新引领的新时代。

三、管理机制:着力创新完善中国模式

在"一体两翼"方面,这一时期出现了历史性变化。2013年,随着新一轮政府机构改革序幕拉开,新闻出版总署、国家广播电影电视总局合并成立国家新闻出版广电总局,国家版权局与新总局"一个机构、两块牌子"。① 省级版权管理机构也大多如此,与新成立的新闻出版广电行政管理机构实行"一个机构、两块牌子"模式。但在地市层面,版权管理完全脱离出版管理架构的实践探索不断,比如2015年上海浦东设立知识产权局,实行专利、商标、版权"三合一"管理。

在"三足鼎立"方面,行政管理、司法管理、社会管理互动协同发展则更进一步。版权行政管理一方面简政放权,下放、划转部分职能,另一方面进一步突出执法监管、公共服务。一些地方政府推进知识产权集中管理,将行政管理和行政执法等管理要素整合,比如上海浦东、广东深圳。但在全国层面,2016年文化市场综合执法改革大力推进,②版权行政执法纳入文化市场综合执法的政策依据和实践积累更加充分、深入,版权行政执法体系的独立性、专业性相对削弱。司法管理改革的步伐则不断加快,知识产权民事、行政、刑事案件审判"三合一"改革深入推进。其中的侧重点在建立集中统一的知识产权审判机构。2014年8月31日,全国人大通过了关于在北京、上海、广州设立知识产权法院的决定,随后,北京、上海、广州三地相继成立知识产权法院,集中审理所辖地的知识产权有关案件。社会管理的重心侧重版权保

---

① 2018年3月,中共中央印发了《深化党和国家机构改革方案》,明确由中共中央宣传部统一管理新闻出版工作。原来由国家新闻出版广电总局行使的新闻出版管理职责划入中共中央宣传部。中共中央宣传部对外加挂国家新闻出版署(国家版权局)牌子。这是版权行政管理体制的重要变革和重大变化。经过机构改革,虽然版权行政管理与出版行政管理仍然延续"一个机构、两块牌子"的"一体两翼"模式,整体上仍然归于大文化管理的范畴,而非转向知识产权集中管理,但是这次机构改革将原来隶属于国务院行政序列、作为行政管理部门的版权行政管理机构直接纳入执政党的组织架构和工作体系,虽然在形式上并未改变版权行政管理机构的职能定位、本质属性、法律地位,但是在实践当中,必将给版权行政管理带来巨大变化——特别是在领导体制、工作理念等方面。由于这一轮机构改革在2019年3月底才能基本完成从中央到地方的改革任务,并且本书的研究时间范畴下限在2017年,因此对2018年以来版权管理的有关情况不作探讨。

② 2016年4月,《中共中央办公厅、国务院办公厅印发〈关于进一步深化文化市场综合执法改革的意见〉的通知》(中办发〔2016〕20号)正式对外公布。

护和版权交易,主要表现为著作权集体管理组织越来越活跃,主动进行维权,比如中国音乐著作权协会、中国文字著作权协会的维权行动等;以版权保护为宗旨的社会组织越来越多,不仅有独立的版权社会组织,还有版权企业联合成立的松散型联盟组织,比如2016年咪咕数媒、掌阅科技、阅文集团等公司联合发起成立的"中国网络文学版权保护联盟"等;新的版权交易平台不断建立,比如2015年成立的海峡国家版权交易中心等。

在"多方协调"方面,为加强打击侵犯知识产权和制售假冒伪劣商品工作,2011年,国务院成立全国打击侵犯知识产权和制售假冒伪劣商品工作领导小组,国务院副总理任组长,由商务部、国家版权局等30个部门单位的相关负责人任小组成员,办公室设在商务部;针对软件正版化工作,2012年国务院批复同意成立"全国推进使用正版软件工作部际联席会议",由新闻出版总署(国家版权局)、财政部等10个部门单位参加,新闻出版总署(国家版权局)作为牵头单位;2016年国家知识产权战略实施工作部际联席会议制度改为国务院知识产权战略实施工作部际联席会议制度,31个部门单位参加,由国务院分管知识产权的领导担任会议召集人,规格提高,职能扩展,协调力度增大。

第六节 版权管理体制的变迁趋势与内在特点

一、变迁趋势

通过对新中国60多年来版权管理体制改革发展历史的回溯,从新制度经济学的视角出发,笔者对其变迁规律和趋势作简单的归纳总结。

一是制度①变迁的主动性强,效率高。从主观上看,中国建立完善版权制度是国际压力驱使的结果,具有消极被动的特点。但这种消极被动并非一味全盘接受,而是根据国情主动构建符合自身实际的制度体系,是一种基于发展的主动性作为。而且,在短短几十年的时间内,特别是改革开放后的三十多年内,中国版权管理体制迅速健全完善,"走完了西方一些国家用几十年甚至百余年的时间走完的路程","全面达到了国际版权保护的先进水平"②,甚至在一些方面被认为超越了中国版权保护应有水平③——这也并非是被动性的结果。此外,一些制度具有中国特色,比如"行政保护和司法保护双重保护模式",符合我国"尚处转型期、又是发展中国家、市场经济不很完善"的发展现状,发挥着重要而积极的作用。④ 这表明,中国特色社会主义体制能够根据经济基础发展趋势,主动、超前调节上层建筑,并推动经济发展,具有制度优越性和强大生命力。

二是制度变迁呈多元化、渐进型特点。从制度构建主体来看,制度变迁分为政府主导的强制性制度变迁,以及个体或组织倡导的诱致性制度变迁。⑤ 前者往往是国家强力主导的自上而下的制度革新改良,后者往往是由市场自发产生的制度创新。从制度的内容类型来看,制度包括具有强制约束力的正式制度和隐形的非正式制度。对整个版权管理体制改革而言,虽然以强制性制度变迁为主,国家力量扮

---

① 这里的制度是包括制度、机制等在内的宏观制度范畴,与本书题中"体制"意思相同。
② 宋木文.当代中国版权制度建设的历程[J].韶关学院学报(社会科学版),2006(7):1-3.
③ 李明山,常青.中国当代版权史[M].北京:知识产权出版社,2007:288.
④ 阎晓宏.新常态下深入推进版权执法监管工作[J].中国出版,2015(19):6-10.
⑤ 刘凤芹.新制度经济学[M].北京:中国人民大学出版社,2015:274-276.

演了首要和关键的角色,但诱致性制度变迁也发挥了一定作用。尤其是在制度建设进入全面深化时期以后,正式制度占绝对主导的现象逐渐改变,非正式制度日见其多。同时,除了国家层面的制度变革,地方主动推进制度创新的探索也一直未曾中断,具有自上而下和自下而上相结合的特点。从总体上看,制度变迁的速度属于渐进型,制度成本较低。

三是制度变迁具有一定的路径依赖特征。新制度经济学理论认为,"锁入与路径依赖特征在制度变迁上表现更为突出"[①],所以,制度安排和协调往往强化初始的制度变迁方向。中国版权管理体制改革变化,几十年来突出政府主导,深化"一体两翼、三足鼎立、多方协调"体制,强制性制度、正式制度一直占主体地位,制度创新的力度相对有限,制度格局未有根本性突破。

上述三点,是我国版权管理体制历史沿革的基本特点。而基于制度变迁的稳定性特质,未来,我国版权管理体制的发展方向,也很可能保持稳定性,继续沿上述方向发展。但在侧重点上,会有所改良和突破。比如在制度变迁的主体上,行业自下而上的力量会发挥更大作用,积极推进诱致性制度变迁,并且注重强化非正式制度的培育形成,特别是良好行业规则、社会意识的培养,推动制度变迁的多元化;再比如在变迁路径上,可能会逐渐摆脱路径依赖,版权制度创新不断深化,版权管理体制改革取得重大突破成果。

---

① 诺斯.制度、制度变迁与经济绩效[M].杭行,译.上海:格致出版社,上海三联书店,上海人民出版社,2014:121-122.

二、内在特点

新中国60多年来版权管理体制改革发展,是一种历史的发展,也是一种逻辑的生成。从总体上看,我国版权管理体制的特点有以下几个呈现角度。

一是在动力机制上,呈现"外驱—内生"的动力模式。外在压力与内生动力结合,是我国版权管理体制改革的首要特点。新中国版权制度的建立,重大版权制度的废、改、立,往往与国际压力有关,比如《著作权法》2001年的修改是加入世贸组织的需要,2010年的修改是因为个别条款与中国加入的国际版权条约存在冲突。但这种外驱动力是借助于内部要素实现的。换句话说,中国接受这些外部压力,从客观上看是中国选择走向世界、不断发展壮大的战略选择,从长远来看,也是为了国内相关行业的发展。事实证明,版权相关产业的发展,是最终推动版权管理体制改革的根本因素。这一点,在中国主动加入世界知识产权组织、牵头缔结《视听表演北京条约》等事件上,可以得到很好体现。但要强调的是,版权管理体制上的"外驱—内生"动力模式,不是单纯的事物发展的内因外因逻辑原理,而是基于版权相关行业的特殊性——版权管理在国家建设发展的过程中话语权并不充分,外驱动力的影响在一些关键点上显示了特殊重要的作用。

二是在管理思维上,是一种"事务性、保护性"的职责定位。新中国的版权管理,逻辑源头是作者的稿酬权——知识分子的劳动报酬权,并不是从版权相关行业的经济利益上发展而来。这直接决定了中国版权管理的早期认知起点是作者的权益。后来,版权行政管理机构的建立,其逻辑也是版权管理旨在维护作者权益。所以,中国版权管理主要是一种事务性管理而非行业管理。这一点，在 2017 年国家版权局版权管理司有关负责人就《版权工作"十三五"规划》答记者问时，也一直强调："版权管理是广泛的社会化管理活动，并不针对特定的系统行业。"①在现实中，由于诸多现实因素，比如版权相关行业的管理体制、版权管理的社会环境等，版权管理对版权事务、相关权利的职责，重点落在版权保护上。版权管理所从事的诸多工作，核心是保障版权相关权利人的利益不受侵害。虽然版权行政管理部门在近年来从正面去推动权利开放、扩大版权权利人的利益乃至资本增值，不断强化版权相关产业经济贡献重大的观念，但就整体而言，版权管理的重心主要还是在版权保护上。

三是在运行机制上，具有"依托型—双轨制—多元化"的特色。作为一种权利关系的管理，版权管理从出版管理脱胎而出，整个版权行政管理则始终依托于出版行政管理的整体框架——出版行政管理的改革走向对版权行政管理具有关键性影响，特别是在机构设置方面。所以，版权行政管理虽然属于事务管理，并不针对特定行业，实际上却具有浓厚的行业管理色彩：管理层级类似于一般的部门管理格局，自上而下，层层设置；实际运行受出版行政管理影响极大，包括工作思维、管理领域、制度逻辑等。这从一定程度上也体现了版权行政管理的弱独立性。整个版权保护工作呈现典型的行政保护和司法保护相结合的双轨制特点。版权行政管理既有一般的事务管理职责，也有行政执法、打击侵权违法行为的权力。同时，基于版权管理的社会化、复杂性特点，版权管理的宏观体制则呈现"多元化"的特点：一方面是大

---

① 赖名芳.为建设版权强国而不懈努力——国家版权局版权管理司司长于慈珂就《版权工作"十三五"规划》答记者问[N].中国新闻出版广电报，2017-2-16(5).

量的议事协调机构参与版权管理的相关工作,包括软件正版化方面、市场秩序维护方面、知识产权战略实施方面以及服务业发展方面;另一方面是版权管理的方式方法多元化,包括行政管理方式、司法管理方式、社会自组织的管理方式等。而且,随着版权相关产业的发展、版权意识的深入广泛传播,版权管理日益形成一种无所不在、人人参与的泛社会管理格局。

第三章

比较参考——国外版权管理体制和版权相关行业管理体制分析

自英国1709年颁布世界上第一部版权法律《安娜女王法》,300多年来,版权制度已经在全球绝大多数国家和地区落地生根。"据统计,全世界实行知识产权制度的有196个国家和地区"。[1] 这其中包括以科技、文化优势而著称世界的英国、美国、日本等世界强国。特别是美国,早在2007年,版权产业就以11.05%的GDP占比、8.51%的就业总人口占比,成为美国的头号产业部门,[2] 而且在国际上影响巨大。因此,美国的版权管理制度成为业界研究探讨的重点对象和他国版权管理制度改革借鉴的优选目标。

版权与专利、商标等同属知识产权,管理体制上的法律基础、工作手段和业务模式具有一定的相关性,因此它们在一些国家被归为同一部门。在我国,虽然版权、专利、商标的行政管理部门分设,但负责专利管理的国家知识产权局负有协调推进知识产权保护的职责,知识产权在司法管理上也集中统一。所以,本章对世界上一些国家的版权管

---

[1] 单晓光,王珍愚. 各国知识产权行政管理机构的设置及其启示[J]. 同济大学学报(社会科学版),2007(3):99-105.
[2] 刘永红. 版权产业:助推美国经济30年[J]. 出版参考,2010(28):37-38.

理体制以及我国版权相关行业的管理体制进行介绍和分析,以期得出对版权管理体制改革有借鉴意义的经验。

第一节 版权管理体制的国际比较

由于版权管理的国际化特点,本书不再对版权管理制度较为成熟完善的国家一一介绍,重点从制度体系、行政管理、司法管理、社会管理等方面,综合归纳有关国家版权管理的特点。[①]

一、制度体系

第一,从国家战略层面制定版权管理政策。世界上一些发达国家的版权管理战略并非追随世界版权管理趋势,而是根据本国经济社会发展的战略需要——国家利益制定的。最典型的是美国,美国虽然早在1790年就制定了第一部关于版权法的专门法律,但是在整个18、19世纪却坚持本土保护主义策略——不保护外国作品的版权。到了20世纪,随着美国版权产品在全球市场的强势,美国开始利用政治和经济手段,强化版权产品在国际和国内的保护,制定了《国际版权法案》(1891年),通过了《数字千年版权法案》(1998年)。日本立足自身国情,在2002年颁布《知识产权战略大纲》,推出知识产权立国这一国家战略,并设立相关的组织机构,高度重视知识产权在国家发展中的作用。

---

① 除特别注明外,国外版权管理资料均来自商务部、国家知识产权局、国家版权局官网。

第二,版权管理制度突出国情实际和历史传统。虽然版权法律被称为国际化程度最高的法律制度之一,但是就整个版权管理制度而言,各国基于政治、社会、经济和文化历史发展与意识形态的差异,又有不同的体系模式。就版权法律制度而言,英、美等海洋法系国家重视对版权财产权的保护,法、德等大陆法系国家重视对作者精神权利的保护。就版权制度内容类型而言,日本尤为重视对动画漫画等本国优势版权产业的保护,制定《与促进内容的创造、保护与适用有关的法律》(2004年);韩国高度重视软件作品版权保护,2009年以来其版权法律主要由《著作权法》《计算机程序保护法》组成,后来统一制定《著作权法》。就版权制度形式而言,许多国家通过版权法等知识产权单行法律构建法律保护体系,俄罗斯在2006年实现了知识产权立法的完全民法典化——废除知识产权单行法律,统一纳入《俄罗斯联邦民法典》第四部分,菲律宾等国家则制定了综合知识产权法。西方发达国家版权管理制度主要是法律,一些发展中国家的版权管理制度包括法律、行政规章以及执政党的政策。[①]

第三,注重版权制度的修订完善。多数西方发达国家重视修订版权法律,根据社会形势需要及时对制度进行存、废、改、立。比如美国,在1976—2000年间,其版权法先后进行了46次修改和补充。日本在1978—1994年间,对版权法进行了11次较大的修订。此外,对于一些具体的制度规章,也注重及时修改完善。比如德国、日本等国家较早建立了版权补偿金制度,以更好调节互联网时代著作权人专有权利和社会大众信息获取权之间的利益关系,根据技术发展实际,这些国家

---

① 吴汉东,等.西方诸国著作权制度研究[M].北京:中国政法大学出版社,1998:8.

及时修改版权补偿金的有关规定,以适应形势发展需要[①]。

二、行政管理

第一,行政管理机构设置与知识产权及文化、经济、司法等部门联系紧密,各有特点。因为版权是一种关于作品的民事权利——既有财产权又有精神权,版权事务管理涉及面广但行业部门属性较弱,是一种从作者法律权利角度管理精神作品的政府活动,所以许多国家的版权行政管理机构往往与知识产权其他权利管理部门以及文化、经济、司法等行业管理部门联系密切。就前者而言,主要有两类:一类是专利、商标等工业产权和版权的行政管理机关统一设置,采取"三合一"的体制,比如英国的知识产权局、加拿大的知识产权局等;一类是版权行政管理机构独立设置,比如美国国会图书馆下属的著作权局、印度的版权局等。就后者而言,大约有几种情况:版权行政管理机构有的设在文化教育部门,如日本的设在文部省,韩国的设在文化体育观光部(具体在文化内容产业室);有的设在司法部门,如德国的设在联邦司法部(具体在贸易与商法部),澳大利亚的设在司法部(具体在信息法与人权部的版权局);有的设在经济贸易部门,如泰国知识产权厅设在商务部;还有的则设立相对独立的主管部门,如匈牙利作者权利保护局和阿尔及利亚版权局。行政机构设置与职能的不同,在一定程度上反映了各国版权管理思路与理念的不同[②]。

第二,版权行政管理机构职能定位差异较大,发挥功能作用不同。

---

① 张今.数字环境下的版权补偿金制度[J].政法论坛,2010(1):80-87.
② 张美娟.中外版权贸易比较研究[M].北京:北京图书馆出版社,2004:137.

各国根据国情设立的不同形式的行政管理部门,其职能差异也较大。有的版权行政管理机构是综合行政部门,旨在通过行政手段加强版权保护,比如英国知识产权局,既有权利审核、政策协调职责,还有法律执行职能,是一个综合性的知识产权保护机构。有的版权行政管理机构是社会服务部门,主要职责是版权登记服务,比如美国的著作权局和印度的版权局,负责受理版权登记注册、发放版权证书等相关事务。有的版权行政管理机构是调处仲裁机构,主要解决版权权利纠纷,比如印度人力资源发展部教育司下属的印度版权委员会是印度受理版权案件行政申诉、发放版权强制许可证的主管部门,还有日本文部省的著作权纠纷解决调解委员会是调解权利纠纷的专门机构。有的版权行政管理机构从事法律和战略咨询服务,比如德国的著作权事务由联邦司法部下属的贸易与商法部管理,它负责制定著作权方面的法律草案,日本的知识产权战略总部是战略咨询机构和宏观统筹部门,澳大利亚的版权局只为政策立法提供建议。

第三,行政管理机构随形势变化进行调整。进入现代社会以来,随着经济社会的发展进步,一些国家注重调整版权及知识产权行政管理机构,以适应现实需要。2003年日本政府在内阁增设知识产权战略总部,作为过去直属首相的咨询机构"知识产权战略会议"的延续。2007年英国的专利局改名为知识产权局,从隶属于贸易和工业部改为隶属于创新、大学与技能部。

三、司法管理

第一,司法机构多样化,积极推进版权司法保护。国外的版权司法机构主要有两大类:一类是法院、警察局等传统司法机构,另一类是国家特别设立的司法机构和相关行政管理机构。比较典型的是美国,版权司法机构以法院系统为主,但设立了全国知识产权执法协调委员会(1999年,国会设立),协调国内国际知识产权执法,确定国际知识产权保护和知识产权执法的政策、目标及战略,协调并监督政府部门实施这些政策、目标及战略;同时还设立了国际知识产权执法协调员(2005年,政府设立),协调联邦政府的资源推进知识产权保护。2008年,根据《优化知识产权资源与组织法案》,美国进一步设立知识产权执法代表、知识产权执法顾问委员会。此外,俄罗斯、韩国等国家在版权执法方面,往往赋予警察系统执法权限,比如俄罗斯联邦内政部设有打击知识产权犯罪的专门部门,日本警视厅设立知识产权保护办公室,印度在全国23个邦及中央直辖区的警察总局内设立了独立的版权实施处。

第二,突出司法保护的主导地位,加大保护力度。在版权法制建设起步较早、社会法治化程度较高的国家,司法手段往往是版权保护的主要方式,起着绝对主导作用。同时,由于《与知识产权有关的贸易协议》的实施,其坚持的司法救济的终局性、权威性原则,对成员国强化司法保护产生了较强的推动作用。美国、德国、印度等许多国家,版权侵权救济主要通过司法途径,一方面,公民个人或集体可以向法院等司法机构申请权利保护、解决版权纠纷,比如,"在德国,对侵犯知识产权的追诉原则上要由权利所有人(权利人)自己来操作"[1]。另一方面,国家查处重大侵权案件、维护版权行业利益,主要通过警察局等司法部门进行执法,查处力度大,比如美国的司法部、韩国的版权警察、

---

[1] 德国的知识产权保护体系[EB/OL].(2005-3-1)[2016-11-4].http://de.mofcom.gov.cn/aarticle/ztdy/200503/20050300360642.html.

加拿大的皇家骑警等都是本国版权执法的主体力量,同时,对于版权侵权案件的处理最终也由法院来裁决。相比而言,国外许多版权行政管理机构的职能并不涉及对侵权的查处,而在我国,侵权查处则是行政机关的一项重要任务。①

第三,重视版权司法管理社会基础建设,发挥协同作用。许多国家的版权管理部门都负有开展版权保护宣传教育的职责,重视提高全社会的版权保护意识,比如英国知识产权顾问委员会帮助公众了解知识产权制度,韩国文化体育观光部的著作权组负有法律教育和宣传的责任。另外,律师队伍的建设也是加强版权司法保护的重要手段。比如美国拥有一支专业素质较高的律师队伍,律师发挥了重要的调解、宣传作用,许多知识产权纠纷案件通过律师之间的商讨得到解决。②

四、社会管理

第一,重视发挥集体管理组织的作用,创建不同的运行模式。由于版权权利人的分散性和权利的多样性,集体管理成为许多国家开展版权社会管理的重要途径。法国是最早成立版权集体管理组织的国家,早在1777年,就成立了法国剧作家作曲家协会。目前大多数建立版权制度的国家都采用版权集体管理的机制。不同的是,各国对版权集体管理的理念不同:有些国家和地区采取单独立法的方式,对集体

---

① 单晓光,王珍愚.各国知识产权行政管理机构的设置及其启示[J].同济大学学报(社会科学版),2007(3):99-105.
② 美国的知识产权管理体制和专利管理政策及其借鉴[EB/OL].(2003-8-14)[2016-11-4].http://www.southcn.com/law/jjfz/zscq/200308110327.htm.

管理制度和集体管理组织加以规制,比如德国、日本;有些国家则在国内版权实体法中对集体管理作出相应规定,比如法国、瑞士;还有一些国家则将版权集体管理组织的活动视为商业活动,其设立行为的依据为公司法或竞争法,并受到反垄断法的制约,比如美国。①

在版权集体管理组织的体制模式上,一种是以美国为代表的自由竞争模式,即集体管理组织依法自由竞争,作品权利人可自由选择集体管理组织;一种是以意大利为代表的垄断模式,即集体管理组织形成行业垄断,作品权利人只可选择指定的集体管理组织进行授权。在版权集体管理组织的运营模式上,一类是"自愿许可模式",作品权利人自愿向组织机构授权或成为会员,由组织机构统一行使有关权利,这是目前国际上较为常见的模式;一类是"延伸性集体许可",组织机构不仅可以代表与之签订协议的某类作品的权利人的权利,还可以依法将权利延伸到该类作品所有权利人,这一模式主要被北欧一些国家、英国等国采用;还有一类是"版权市场模式",作品权利人直接将作品及权利放到统一开放的交易平台上供使用者依据有关协议使用,这方面的代表是美国的版权结算中心。②

第二,注重行业自我管理,有效发挥行业社会组织作用。除了面向普通作品权利人的集体管理组织,许多国家还通过立法给予行业社会组织一定的职责和权力,发挥他们在行业管理方面的有效作用。一方面是进行版权事务的审议调停,比如韩国的著作权审议调停委员会,根据法律规定和政府授权,审议各种有关著作权的事务、调停有关纠纷;再如美国知识产权法律律师协会,是美国知识产权律师的社团

---

① 崔丹妮. 版权集体管理组织的变革[J]. 网络法律评论,2012(1):129-138.
② 陈凤兰. 国外版权集体管理发展研究[J]. 现代出版,2015(3):26-28.

组织,在处理版权事务纠纷等方面具有社会调解的职能。另一方面是组织联系行业单位,处理版权管理有关事务,比如新西兰著作权委员会,为非营利性协会,负责处理各种涉及著作权保护方面的事务,促进、参与政策制定与立法调研、论证;再如日本,各行业都有知识产权协会组织,其中,日本知识产权协会是日本最大的非营利性、非政府的知识产权用户组织。

第三,运用市场管理手段,促进版权社会管理。许多版权产业经济较为发达的国家,常常通过市场经济手段调配版权资源、参与版权管理。在版权保护方面,美国是较为重视利用经济手段的国家,特别是在海外版权保护上,重视运用贸易规制对侵犯美国知识产权的国家进行经济制裁。此外,在版权集体管理等方面,美国、韩国等国家有许多市场化的代理公司或经纪公司从事相关业务。

第二节 版权相关行业的管理体制

版权、专利、商标是知识产权领域的三个主要大类,并且专利、商标是与版权这种文化产权相对应的工业产权的主要内容,因此,以下以我国的专利管理体制、商标管理体制为对象,简要分析二者的模式特点。[①]

一、专利管理体制

专利权是知识产权的一种,主要指单位或个人通过发明创造而获

[①] 除特别注明外,专利和商标管理资料均来自国家知识产权局、国家工商行政管理总局(2018年后改革为国家市场监督管理总局)官网。

得的权利。我国的《专利法》规定,专利权的对象包括发明、实用新型、外观设计三种。与版权不同,它是一种工业产权,主要是财产权利——一般不牵涉精神权利,其权利标的具有实用功能。专利权的对象是技术发明创造,专利制度的核心功能在于"授予技术成果权利人以专有权和促使技术信息尽早地公之于众"①,是对技术的营利性实施的限制,因此,专利管理体制就形成了包括专利审查管理、专利许可管理等特色制度在内的管理体制。

1. 制度建设

在国内法建设方面,中华人民共和国成立后,政务院于1950年颁布了《保障发明权利与专利权暂行条例》。随后废止,又颁布《发明奖励条例》。但由于特殊的历史环境,专利权作为一种知识产权,真正得到承认,也是在改革开放后。1984年,全国人大正式通过《专利法》。此后相继颁布《专利法实施细则》《专利代理条例》和《国防专利条例》等行政法规,以及《专利行政执法办法》《专利实施强制许可办法》《专利标识标注办法》《专利实施许可合同备案办法》和《关于实施专利权海关保护问题的若干规定》等部门规章。1997年,专利侵权犯罪进入《刑法》,《最高人民法院关于审理专利纠纷案件适用法律问题的若干规定》《最高人民法院关于审理侵犯专利权纠纷案件应用法律若干问题的解释》《最高人民法院关于对诉前停止侵犯专利权行为适用法律问题的若干规定》等司法解释陆续出台,强化了专利司法保护的制度体系。作为专利法规的基本法,1992年、2000年、2008年,《专利法》分别进行了三次修改,不断趋于完善。在国际法建设方面,中国1985年

---

① 刘春田.知识产权法[M].北京:中国人民大学出版社,2014:149.

加入《保护工业产权巴黎公约》,此后又加入了《专利合作条约》《国际承认用于专利程序的微生物保存布达佩斯条约》《国际专利分类斯特拉斯堡协定》《与贸易有关的知识产权协定》等国际公约。

2.行政管理

中华人民共和国成立后,我国与专利有关的行政管理事务职能由国家科技行政管理部门承担。1980年,中国专利局正式成立,承担全国专利工作的政府职能。在管理体制上,其先后隶属国家科委、国家经委,1993年列为国务院参照公务员管理的直属事业单位。1998年,在国务院机构改革中,专利管理体制发生了重要变化。"将原中华人民共和国专利局更名为中华人民共和国知识产权局,为国务院直属机关。改革后的知识产权局除了仍然主管专利工作外,增加统筹协调涉外知识产权事宜的职能。"①此后,国家知识产权局(副部级)成立,内设7个司局。按照2011年《国务院办公厅关于印发〈国家知识产权局主要职责内设机构和人员编制规定〉的通知》内容,国家知识产权局主要承担全国专利管理和全国知识产权保护工作组织协调、涉外政策拟订等职责。② 不过,该局既有内设机构"专利管理司",也有下属单位专利局。根据国家知识产权局官方网站介绍,专利管理司的职能为:拟订和实施专利管理工作的政策和措施;拟订规范专利技术交易的政策;指导和规范知识产权无形资产评估工作;指导地方处理和调解专利纠纷、查处假冒他人专利行为和冒充专利行为。而专利局的主要职能是

---

① 刘杲.出版笔记[M].石家庄:河北教育出版社,2006:424-426.
② 2018年3月,中共中央印发了《深化党和国家机构改革方案》,重新组建国家知识产权局,将原国家知识产权局的职责、原国家工商行政管理总局的商标管理职责、原国家质量监督检验检疫总局的原产地地理标志管理职责整合。商标、专利执法职责交由市场监管综合执法队伍承担。截至2018年7月,新组建的国家知识产权局的"三定"(主要职责、内设机构、人员编制)方案尚未出台。

专利审查。专利局下设的16个部,除了3个综合管理部门(办公、党建、人事)、1个服务部门(信息化)、1个文献管理部门,其余11个部全部为专利审查业务部门。此外,国家知识产权局还下设7个专利审查协作中心,分布在全国不同地区,在级别和性质上均为局级事业单位,其职能是受托行使专利审查等管理职能。除了专利审查部门,知识产权局还设有专利复审委员会,为局属事业单位,其职责主要有对不服国家知识产权局驳回专利申请及集成电路布图设计登记申请决定而提出的复审请求进行审查、对宣告专利权无效的请求及集成电路布图设计专有权撤销案件进行审理等。省市一级的知识产权(专利)行政管理机构设置与职能与中央相似。不同的是,省一级的行政管理部门主要是知识产权行政管理部门,专利管理主要是根据专利局授权,设立代办处,根据专利局授权或委托开展专利服务性工作。

根据《专利法》规定,管理专利工作的部门享有调处有关侵犯专利权等纠纷的权力。这种权力既包括根据权利人申请进行纠纷调解,比如专利复审委员会调解因不服专利申请驳回而产生的行政纠纷,也包括依法对侵权行为进行行政执法,比如各级专利行政管理机关对专利侵权、假冒专利等行为进行查处。

3.司法管理

根据专利管理的法律法规,司法管理在涉及专利的相关权利纠纷中,享有最高权力和终局权力。专利行政纠纷、侵害专利权的纠纷、有关专利的权属纠纷、专利合同纠纷等,均可以向法院提起诉讼。对于具体的专利侵权或假冒专利活动,除了行政管理部门进行行政执法,公安机关也按照有关法律进行执法。

4.社会管理

由于专利权利对象往往具有较大的经济价值以及较强的专业性,专利的社会管理主要有两个方面。一是专利中介服务,主要是与专利代理有关的社会管理活动,包括专利代理人职业资格管理、专利代理人行业管理等;与专利市场应用有关的社会活动,包括专利信息服务、专利技术转让中介、专利技术评估等。其中较为重要的是专利代理管理制度。由于专利权利对象的专业性和专利申请程序的复杂性,早在20世纪80年代《专利法》颁布后,1985年中国专利局就颁发了《专利代理暂行规定》,专利代理工作就开始出现。不过由于当时的整体经济环境,大部分专利代理机构都是政府下属的事业单位,有少量代理机构为民营或中外合资。2000年以后,根据中介机构与政府部门实行脱钩改制的要求,原来国有的专利代理机构均转企改制,同时,专利代理市场也向社会开放。目前,专利代理形成了以专利代理人职业资格考试、专利代理服务、专利代理机构管理等为重点的工作体系,是专利社会管理的主要内容之一。① 此外,还有许多专利中介机构开展专利的信息服务、价值评估、交易转让等业务,形成了较为庞大的中介经济。二是由国家专利行政管理部门指导或主管的行业自治组织(中国专利保护协会、中国发明协会等)及其活动。其中较为具有代表性的是中华全国专利代理人协会。该协会的主要工作包括:加强并完善行业管理和自律,组织展会、评选表彰、座谈、宣传、培训等行业服务活动,协助专利代理人资格管理工作等。

---

① 王允方.中国专利代理制度的演进及转型思考[N].中国知识产权报,2008-8-6(10).

二、商标管理体制

在知识产权的诸多权利类型中,基于工商业标记依法产生的民事权利是较为重要的一类。商标是最典型的一种工商业标记。我们这里所说的商标,主要是指我国《商标法》规定的商标,并不涉及商号、地理标志与产地标记等其他商业标记。商标必须依附于商品或服务而存在,需要经过国家强制认可,因此,整个商标管理也形成了隶属工商行政管理体系,以注册、审核和保护为核心的管理体制。[①]

1. 制度建设

在国内法制建设上,中华人民共和国成立后,政务院先后颁布《商标注册暂行条例》《商标管理条例》等,实现商标全面注册。1982年,全国人大通过《商标法》,这也成为中华人民共和国成立后制定的第一部知识产权法律。后来,根据经济社会发展需要,《商标法》相继进行了三次修改,分别是在1993年、2001年和2013年。依据《商标法》这部商标管理方面的基本法律制度,国家有关部门还相继颁布了《商标法实施条例》《世界博览会标志保护条例》等法规,以及《商标代理管理办法》《集体商标、证明商标注册和管理办法》《商标评审规则》等行政规章。为了加强商标的法律保护,严厉打击商标侵权活动,1997年,注册

[①] 商标管理体制的有关内容参考《商标法:原理与案例》(王太平,北京大学出版社2013年版)、《我国商标代理制度已基本形成》(别清河、张惠萍,中国工商报2000年8月16日第1版)等资料。根据2018年3月中共中央印发的《深化党和国家机构改革方案》,商标管理被纳入知识产权行政管理,而知识产权行政管理机构又由市场监督管理机构管理。这是商标行政管理体制的重大变化,将对目前的商标管理法律规章领导体制、执法机制等产生重大影响。本书主要探讨2017年及之前的有关情况,且深化党和国家机构改革尚在进行之中,所以对改革后的具体内容不作讨论。

商标侵权犯罪写入《刑法》，与此相配套的是，2000年以后，《最高人民法院关于人民法院对注册商标权进行财产保全的解释》《最高人民法院关于审理商标民事纠纷案件适用法律若干问题的解释》等相关司法解释陆续出台，不断完善商标司法保护制度体系。在国际法建设上，1980年中国政府向世界知识产权组织递交加入申请报告，同年获准；1985年加入《保护工业产权巴黎公约》，随后，相继加入了《商标国际注册马德里协定》《商标注册用商品和服务国际分类尼斯协定》《商标国际注册马德里协定有关议定书》《与贸易有关的知识产权协定》等国际公约。

2.行政管理

新中国成立以后，我国的商标注册工作经历了中央私营企业局主管、中央工商行政管理局主管的不同时期。1978年，国家恢复工商行政管理机关，在其内部设立商标局，负责商标注册管理有关工作。由于商标权利的产生、存续均需要审查认定，因此商标行政管理的主要任务是商标的注册管理（包括审查、核准、续展、变更、转让和使用许可等）。经过几十年的历史变革，根据《商标法》规定，国家工商行政管理总局商标局主管全国商标注册和管理工作。其主要职能按照《商标法》《商标法实施条例》等法律法规，依据国务院核准的"三定"方案①，分为八个方面：一是全国商标注册和管理，包括受理注册申请、审查和核准商标注册请求、续展变更、国际注册等；二是依法保护商标专用权和查处商标侵权行为，重点是行政执法工作；三是处理商标争议事宜，主要对商标注册申请和续展管理等结果的异议作出裁定；四是加强驰

---

① 这里的"三定"，是我国行政事业单位机构和人员管理的一种方式，"三定"的范围包括主要职责、内设机构和人员编制。全书所指"三定"与此意义相同。

名商标的认定和保护工作;五是负责特殊标志、官方标志的登记、备案和保护;六是研究分析并依法发布商标注册信息;七是为政府决策和社会公众提供信息服务;八是实施商标战略等工作。而从商标局的机构设置上来看,商标注册申请的审查是重中之重。根据官方网站公布的资料,整个商标局共有24个职能处室,其中负责商标审查的就有9个处。此外,依据《商标法》《商标法实施条例》,在国家层面还专门设立了国家工商行政管理总局商标评审委员会。该会为事业单位性质,实际上是具体处理商标争议事宜的机构。在职能设置上,商标评审委员会对商标局驳回的商标申请,对商标局作出的不予注册裁定、商标撤销裁定等事项,应当事人请求进行复审和认定,当事人对复审结果不服的,则通过司法途径解决。在地方层面,各地工商行政管理部门对商标使用行为进行监督管理,依职权或应权利人请求查处侵犯注册商标专用权行为。这就形成了由工商行政管理部门负责商标管理工作的体制,整个商标管理体系则依托工商行政管理的垂直管理模式,形成了从中央到地方较为完善的工作体系。

从总体上看,商标行政管理具有中央集权管理(统一注册)、地方监督实施(分级管理)的特点,即注册商标的授权、确权,均由中央层面的行政管理部门集中统一管理,而地方行政管理部门,则主要是监督和维权执法。

3.司法管理

根据商标管理的法律法规,对于商标注册管理的异议、注册商标专用权的保护,当事人除了可以自行调节、申请工商行政管理部门处理外,均可向法院提起诉讼。司法机关对商标争议和侵权案件,享有最高权力和终局权力。此外,由于商标与商业活动联系紧密,商标使用过程中有涉及不正当竞争的,市场管理部门负责处理;注册商标专用权侵权涉及犯罪的,公安机关依法进行查处。

4.社会管理

商标与商品或服务联系紧密,我国商标管理采取注册原则、申请在先原则,商标的社会管理主要包括两大方面。一是与商标代理、商标价值评估等商标中介服务有关的社会管理,包括商标代理人职业资格管理、商标中介服务等相关组织机构和活动。特别值得一提的是商标代理制度,这也是商标社会管理的重点内容。在新中国建立后,由于整个国家实行计划经济体制,商标成为各级政府控制产品生产、管理经济秩序的重要手段,商标的申请注册必须经各级工商行政管理机关的核转、层层报批,最后由国家工商行政管理局商标局核准注册。这就是所谓的"商标注册核转制"。1991年以后,根据市场经济发展的需要,特别是改革开放的需要,"商标注册核转制"全面转轨,为"商标代理制"所取代。但是在1998年之前,商标代理工作并未向社会放开,而是由各级工商行政管理部门下设的商标事务所承担。后来,才向全社会开放,形成了包括职业资格管理、队伍建设、机构管理等在内的系统性、社会化的商标代理工作体系。商标代理工作也成为商标社会管理工作的主要内容之一。此外,就是商标价值评估、商标交易等中介服务活动。这类活动主要以市场化的方式开展,是整个知识产权中介服务的一部分。二是由国家工商行政管理部门指导、主管的行业自治组织以及相关活动。由于商标的特殊,目前仅有一个以商标命名的行业协会——中华商标协会。协会的主要工作是商标政策宣传、商标权维护、教育培训等。

第三节　国别比较和行业参照的重要启示

根据国别比较、相关行业分析,我们得出以下六点启示。

一、注重因地制宜

任何一种制度都须与其所依存和发挥作用的环境相适应,这是制度建设的一般原则,也是制度能否产生绩效的关键因素。世界各国的版权管理制度无不体现出强烈的适宜性特点:适应本国政治、经济、文化等国情实际,适应本国的国家利益需要。就世界范围内的版权保护制度,有研究者直接以政治经济体制和状况划分,分为市场经济国家的版权制度、计划经济国家的版权制度和发展中国家的版权制度。[①]这其中,典型的是美国,"在不同的历史时期,其版权制度始终以维护美国的文化产业的利益为制度安排的目标"[②]。这同样体现在我国的专利管理、商标管理上。与版权作品的权利一经创作就产生不同,专利权和注册商标权的取得均以法律确权为要件,并且这种权利的存续管理也由国家有关部门承担,因此,专利管理、商标管理的核心工作之一是权利审查与核准。也正是基于这种审查与核准的特点,专利行政管理和商标行政管理均设有专门的机构和大量的人员来承担管理工作事项。

[①] 吴汉东,等.西方诸国著作权制度研究[M].北京:中国政法大学出版社,1998:8.
[②] 凌金铸.版权与美国文化产业[J].皖西学院学报,2005(3):59-61.

二、实行循序渐进

一种制度的确立构建过程,是根据制度基础和环境不断进行调整、逐步发展、前后相继的过程。特别是版权这种由知识派生出来的权利——既有精神权利又有经济权利,一方面受社会发展,尤其是人们的知识、财产、思想观念制约,另一方面也与经济发展状况相关。纵观世界各国的版权管理体制,都经历了从无到有、由初步建立到逐步健全的过程。即使是今天作为版权制度建设典范的美国,基于其文化、教育落后欧洲国家的现实考量,其1790年版权法奉行的是低水平保护:版权客体狭窄,对作品要求标准较低,对外国作品长期不予保护,且游离于伯尔尼联盟长达百年之久(《伯尔尼公约》1886年缔结,美国于1989年加入)。其后,随着美国文化产业的不断发展,其版权法不断修改,版权保护范围不断扩大、保护水平不断提升,实现了从"印刷版权"到"电子版权"再到"网络版权"的制度创新。[①] 同样,我国的专利管理、商标管理也是随着改革开放的进程不断发展完善的。比如商标管理的代理制,并没有从第一部《商标法》公布之后就实施,而是经历了较长时间的"注册核转制",后来才逐步构建"商标代理制"的管理体系。

三、突出国际合作

知识产权制度作为制度文明的典范,国际化是一大特征。随着全

[①] 吴汉东.知识产权中国化应用研究[M].北京:中国人民大学出版社,2014:33.

球化的不断深入,一方面版权相关双边、多边条约广泛认可和实施,另一方面国与国双边合作紧密,作为知识产权贸易基础保障之一的版权制度越来越体现出国际合作的特点。比如《与贸易有关的知识产权协议》对相关成员国的约束、韩国因韩国—欧盟自贸区协定对著作权法的修改等。而专利管理制度,其基本制度《专利法》的三次修改,"第一次主要是为了满足中国政府同美国政府订立的关于保护支持产权的双边条约的要求;第二次主要是为了满足世界贸易组织 TRIPs 协议的要求",也体现出与国际接轨、注重国际合作的特征。①

四、强化法治建设

包括版权在内的知识产权相关权利,其合法性以法律为基础,需要以法律为保障。因此,所有建立版权制度的国家,都建立了相应的版权法律制度体系,突出法治成为版权管理的基本趋势和重要特征。尤其是 TRIPS 协议确立的司法审查原则,强调司法救济在知识产权保护中的终局性、主导性、权威性作用,更加促进了版权管理的法治建设进程。在欧美等发达国家,版权保护主要通过法治手段实现。

五、加强统筹协作

版权以及知识产权其他权利类型是与知识创造有关的法律权利,所以版权管理或知识产权管理往往既涉及法律事务部门,也涉及相关产业部门,在实际的工作体制上,版权管理一般融合在司法管理或产

---

① 刘春田.知识产权法[M].北京:中国人民大学出版社,2014:146.

业管理的大框架下。就世界范围内的版权行政管理机构设置情况来看,直接隶属中央政府的情况较少,大多归属中央政府下辖的文化、经济或司法部门。而执法层面,许多国家重视建立多部门协调机制,以保证版权保护措施的有效性,比如美国。

六、强调社会参与

版权涉及领域广,权利类型多样,社会参与力量多,各国在版权管理上都重视发挥社会力量的作用,共同参与版权社会管理。版权管理组织机构涵盖了立法、司法、行政等多方面和政府机关、协调机构、社会组织、市场企业等多类型。特别是著作权集体管理,不仅大多数国家都有相应的制度和组织,国际上也有许多著作权集体管理组织,如国际作者和作曲者协会联合会等,其工作领域和对象范围极为广泛。而我国的专利管理、商标管理,也都形成了社会广泛参与的机制,尤其是在中介服务方面,已经具备了深厚的市场基础。

第四章
体制成效——版权管理体制建设发展的三重价值

60多年的建设发展,形成今天体制机制基本健全的宏大格局,这是我国版权管理体制的历史背景和现实基础。而对这种现状的评价分析,则构成了改革发展的逻辑起点和基本依据。国家版权局在2011年编著的《中国版权事业二十年》中,从法律体系、行政执法、司法审判、社会服务、版权贸易、产业发展、宣传教育、理论研究、国际交流等9个方面对我国版权事业作了系统的梳理,给予了充分肯定的评价:"建立起了既符合中国国情又与国际规则相衔接的著作权法律体系,确立具有中国特色的司法与行政并行的版权保护制度,打击各类侵权活动取得重大成效,版权相关产业蓬勃发展,版权公共和社会服务框架基本建立,社会公众的版权意识显著增强,版权国际合作与交流不断加强,版权法律制度在建设创新型国家中的作用越来越重要。"[①]这样的评价思路和导向基本上代表了当前对我国版权管理成效的认知维度和逻辑框架。

不过,版权管理在中国是一种从无到有的新制度,评价其成效不仅要看其从无到有的发展历程,更要从制度存在与演化的逻辑出发。

---

① 国家版权局.中国版权事业二十年[M].北京:人民出版社,2011:19.

在新制度经济学看来,"评价制度的基本因素是效率",主要是"严格的市场效率",或者是对环境的适应性。[①] 同时,如果将制度比作一种产品,那么版权管理体制就是一种非排他性的、具有较强外部效应或者溢出效应的公共品。[②] 这样来看,版权管理体制就有了"三重价值":一是市场价值,即对版权相关产业发展的促进作用;二是自在价值,即在适应环境过程中不断改良完善而体现出的自我调适、自我完善、自我成长特征;三是社会价值,即从社会政治、文化等方面产生的公共作用。因此,我们重点从这"三重价值"来分析版权管理体制的成效。

第一节　市场价值

一、奠定版权相关产业的合法性基础

与版权有关的经济活动要远远早于版权法律制度以及版权管理体制的产生,但是,只有确定了版权法律制度,构建起基于法制基础的市场经济环境,版权相关产业才能得到长远的发展。这是世界版权事业发展的一般规律。对中国来说,虽然清末民初版权法律制度短暂存在,但在新中国建国后的40余年,尽管与版权有关的出版、表演、美术等经济活动及行业管理客观存在且规模庞大,但从法制社会、市场经济的视角确立版权权利、版权产品、版权相关产业活动的合法性,却是在版权法律制度及版权管理体制建立之后——这是一个划时代的标

[①] 刘凤芹.新制度经济学[M].北京:中国人民大学出版社,2015:265.
[②] 刘凤芹.新制度经济学[M].北京:中国人民大学出版社,2015:73-76.

志。其中的核心点有三个方面:其一是从个人角度确立了版权作者的精神权利和经济权利,保证了作者利益,确保了产品创作活动以及获得利益的合法性,为版权经济提供了原料;其二是从产品和服务角度确立各种版权经济活动的合法性,同时也是权利的确定;其三是从国际经济交往的角度确立了版权相关产业对外贸易的合法性保障,使中国版权相关产业成为世界经济的一部分。

表4-1 版权有关权利与行业(部分)

权利类型	行业领域
复制权	书、报、刊、音像、电子、网络等出版行业
发行权	出版物、影视作品等发行行业
展览权	展览行业、文博行业等
广播权	广播电视行业等
信息网络传播权	互联网行业等
摄制权	影视制作业、摄影行业等
表演权	文艺表演行业等

按照传统的国民经济分类和统计,版权相关产业的贡献无法反映到经济增长总量上来。2009年,联合国、世界银行、国际货币基金组织、经济合作与发展组织、欧盟等5个国际组织联合发布新的国民经济核算国际统计标准《国民经济核算体系—2008》(简称"SNA2008"),并鼓励各国采用。据了解,澳大利亚、加拿大已经采用这一新的国民生产总值(GDP)统计方式,将知识产权产品作为资产加以管理并纳入经济核算体系,而美国、欧盟、日本也将采用新方式进行国民经济核算。[1] 我国版权行政管理部门与世界知识产权组织合作,从2007年开

---

[1] 国家版权局版权管理司.版权产业工作情况[R].2017-5-20.

始进行中国版权相关产业的经济贡献调研。以此为基础,从政府到行业,再到企业、社会组织,版权相关产业的内涵、边界不断清晰,一个根本未纳入传统国民经济行业统计领域的产业形态成为备受瞩目、广泛接受的现实存在。

表 4-2 版权相关产业分类[1]

产业组名称	内涵	产业领域
核心版权产业	完全从事创作、制作和制造、表演、广播、传播以及展览、销售和发行作品及其他受版权保护客体的产业	图书、报纸、电子书、音像制品、计算机软件、游戏、动漫、摄影作品、音乐等产业
相互依存的版权产业	从事制作、制造和销售其功能完全或主要是为作品及其他受版权保护客体的创作、制作和使用提供便利的设备的产业	电视机、计算机、乐器、照相机、纸张、复印机等产业
部分版权产业	部分活动与作品或其他受版权保护客体相关的产业	家纺、家具、玩具、陶瓷、建筑等产业
非专用支持产业	部分活动与促进作品及其他版权保护客体的传播、发行或销售相关且这些活动没有被纳入核心版权产业的产业	批发零售业、运输业、互联网产业等产业

二、维护版权市场依法运行的秩序

版权管理贯穿于版权创造、运用、保护、服务等各个环节,对于以市场为交易方式的版权相关产业具有保护屏障的作用,一方面确立了

---

[1] 根据世界知识产权组织和中国版权相关产业的经济贡献素材整理。

版权相关产业的市场秩序,使产业上、中、下游,市场各个环节都在既定的框架内运行;另一方面构建了市场秩序的保护屏障,通过强力惩戒手段处罚违规者,确保市场依法运行、不受侵害。就后者而言,这种保护不同于以往行业管理机构基于公权进行的保护——比如出版行业的"扫黄打非",而是对以私有权益为基础的市场交易秩序的保护。根据法律规定,旨在保护和促进版权发展的国家机构相继成立,并被赋予一定的权限,形成了强有力的秩序维护者。这种强力机构主要包括两类机构:一类是传统的司法机构,根据法律授权,查办、审理侵犯版权的行为;另一类是版权行政管理机构,依法进行行政执法,查处侵害公共利益的侵权盗版活动。两者常态化、长效化的市场秩序维护活动,营造了版权市场健康有序运行的环境。

表 4-3 2011—2015 年全国法院版权案件审理情况[①]

案件类型与年份	2011 年	2012 年	2013 年	2014 年	2015 年
新收著作权民事案件(件)	35 185	53 848	51 351	59 493	66 690
新收著作权行政案件(件)	2	3	3	12	10
以侵犯著作权罪判决的刑事案件(件)	594	3 018	1 499	722	523

据不完全统计,2005 年至 2015 年,全国版权行政执法部门共办理行政处罚案件 7.33 万件,移送司法机关案件 3 182 件,收缴各类侵权盗版制品超过 4.6 亿件。[②] 其中,"十二五"期间,全国版权行政处罚案件 35 280 件,打击网络侵权盗版"剑网行动"查处网络案件 2 765 件,依法

---

① 数据根据最高人民法院网站(http://www.court.gov.cn/)有关材料整理。
② 国家版权局版权管理司.版权执法监管工作总体情况[R].2017-5-20.

关闭侵权盗版网站1 193个。① 而全国法院系统"十二五"期间,审理著作权案件超过 27 万件。这种打击侵权盗版的高压态势,有力地净化了版权市场环境,不仅保障了创作者、传播者应得的经济利益,而且从长远来看,维护了公平公正的市场交易运行机制,避免了"劣币"(盗版制品)驱逐"良币"(正版作品)局面的出现。

图 4-1 2000 年与 2011—2015 年全国版权行政执法情况②

三、激发和促进了版权相关产业经济发展

从经济基础和上层建筑的关系来看,版权管理体制从构建到完善,其内在逻辑是适应和推动版权相关产业发展。对市场、产业的推进是其成效的主要方面。从经济规模上看,我国版权相关产业在 2004—2014 年的十年间,整个行业增加值从 7 884.18 亿元增至 46 281.81亿元,增幅达到 487.02%,其中核心版权产业行业增加值从 3 188.67亿元增至27 260.73亿元,增幅达到 754.92%。而同期我国

---

① 国家版权局. 版权工作"十三五"规划[N]. 中国新闻出版广电报,2017-2-16(6).
② 数据来源:国家版权局官网:http://www.ncac.gov.cn/.

GDP 则从 159 878 亿元增至 643 974 亿元,增幅为 302.79%(参见图 4-2①)。虽然这一结果是经济发展大环境、版权相关产业的行业政策等因素共同推动形成的,但是版权管理体制在市场绩效方面的作用毋庸置疑。

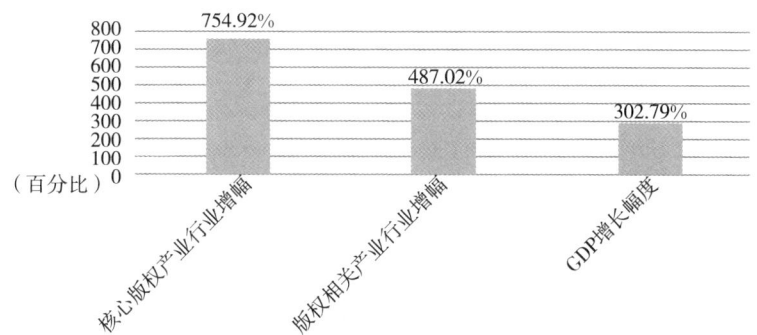

图 4-2 2004 年与 2014 年核心版权产业、版权相关产业行业增幅与 GDP 增幅对比

从经济层次上看,版权管理较好地规范和引导了版权相关产业的发展,使其越来越成为现代经济产业的有机组成部分,其产业化程度、市场化水平不断提升。比如,在与金融资本的结合方面,基于版权作为"创意经济货币"的市场流通价值,版权价值评估、版权企业获得授信贷款等经济活动成为常态。②《担保法》《公司法》《物权法》等分别从财产质押、资本注册等角度,规定了版权可以作为一种无形资产参与市场活动。国务院《推进文化创意和设计服务与相关产业融合发展的若干意见》(国发〔2014〕10 号),文化部《关于深入推进文化金融合作的意见》(文产发〔2014〕14 号),中共中央宣传部、中国人民银行等《关于

---

① 数据根据中国新闻出版统计资料汇编(2000—2016 年)有关内容整理。
② 蔡晓宇.版权价值评估机制建设研究[J].中国出版,2015(22):44-49.

金融支持文化产业振兴和发展繁荣的指导意见》(银发〔2010〕94号)等文件,都对金融服务文化、开展版权价值评估等提出了政策要求和扶持举措。而2010年国家版权局颁布实施的《著作权质权登记办法》、中国资产评估协会制定颁发的《著作权资产评估指导意见》,都有力推进了版权价值评估活动的开展,为版权经济活动的提档升级营造了良好的制度环境。

在产品层面,版权管理对版权相关产业的提振助推作用更为具体和强劲。从版权作品登记数量上看,2000年到2015年,登记数量从3 461件飙升至1 349 552件,增幅高达380多倍。[①] 这是作品登记意识强化的体现,更展示了版权作品创作旺盛的态势。此外,在版权具体行业,创新作品数量都呈上升趋势。比如影视作品制作行业从2003到2015年一直稳步增长(参见表4-4[②]);图书出版品种从1990年到2015年,不论是年出版图书总种数还是初版种数,都有大幅度增长(参见图4-4[③])。

表4-4　2003年与2011—2015年全国影视节目制作情况

类型与年份		2003年	2011年	2012年	2013年	2014年	2015年
电视剧	总部数	489	469	506	441	429	395
	总集数	10 381	14 942	17 703	15 783	15 983	16 560
电影	总部数	140	791	745	638	618	686

---

① 数据根据国家版权局官网(http://www.ncac.gov.cn/)有关材料整理。
② 因现有数据来源,仅能查询到2003年以后的信息,所以以2003年为参照进行对比。数据根据原国家新闻出版广电总局官网(http://www.sapprft.gov.cn/)有关材料整理。
③ 数据根据中国新闻出版统计资料汇编(2000—2016年)有关内容整理。

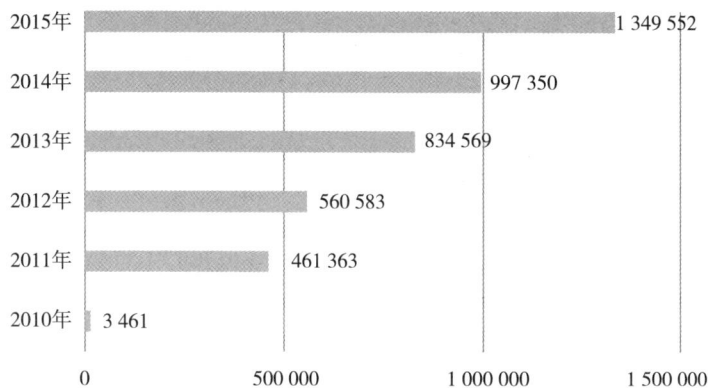

图 4-3　2000 年与 2011—2015 年全国版权作品自愿登记情况

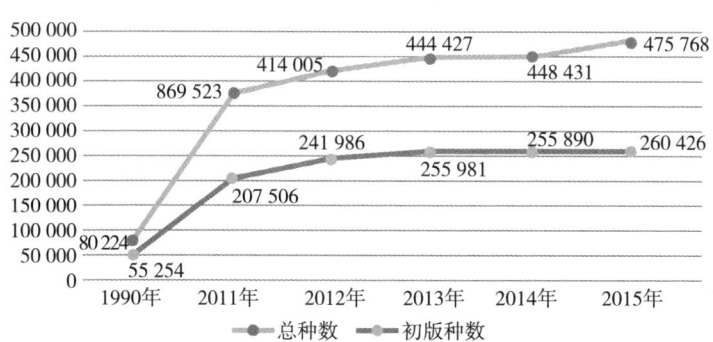

图 4-4　1990 年与 2011—2015 年全国图书出版品种情况

四、增强了版权相关产业国际竞争力

版权管理体系的构建,从法律和制度层面强化了国内版权相关产业走向世界、参与国际版权经济的平台保障。在法律层面,一方面构建了具有国际化水准、与国际规则较好接轨的版权法律制度体系,另一方面加入了主要的国际版权公约,使中国版权产品拥有了国际化的市场身份认证,更好参与到版权市场竞争中。在制度层面,通过版权来管理版权事务、保护原来分散在各个行业的版权产品,不仅形成了与国际相通的市场环境,增强了版权相关产业的国际竞争力,也拓展了从版权角度来参与国际文化竞争、提升国家软实力的途径和手段。

从版权贸易的数据来看,从 2004 年到 2015 年,版权对外贸易从数量到质量都有了较大的提升:版权输出和版权引进的总数增长迅猛,并且引进输出比也从 7.18∶1 缩小至 1.6∶1(参见图 4-5[①]);对美国、英国、德国、法国、俄罗斯等发达国家的版权输出量也有了较大程度的增长(参见图 4-6[②])。此外,通过版权交流的方式加入世界版权组织,在版权国际交往中按照国际版权规则处理经济贸易纠纷,也壮大了版权相关产业的国际博弈能力。

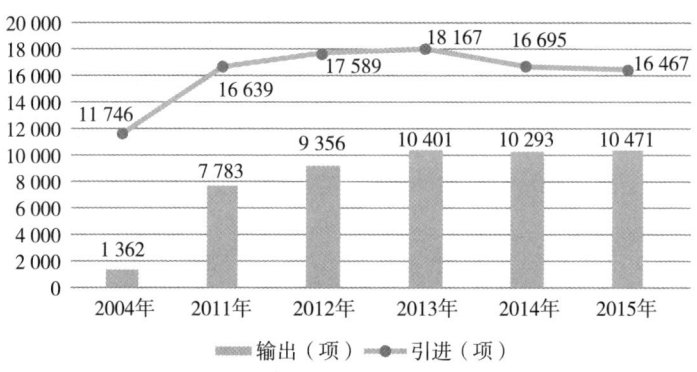

图 4-5　2004 年与 2011—2015 年全国版权输出引进情况

[①] 全国新闻出版统计,仅从 2004 年开始统计版权输出、引进情况。因此,只做 2004 年以后的数据对比。数据根据中国新闻出版统计资料汇编(2000—2016 年)有关内容整理。
[②] 数据根据中国新闻出版统计资料汇编(2000—2016 年)有关内容整理。

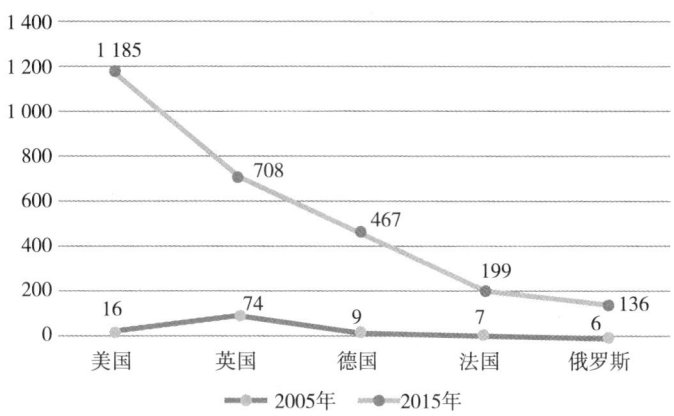

图 4-6　2005 年和 2015 年对部分发达国家版权输出情况

第二节　自在价值

一、快速建立较为完善的制度体系

以强大的制度供给能力构建起具有国际水准的制度体系,这是我国政治体制的优势,也体现了版权管理的成效。从 1990 年第一部版权法律《著作权法》正式公布,到 2015 年,在短短 25 年里,我国制定颁布的版权法律法规超过 20 件,基本构建了版权法律制度体系。据统计,截至 2013 年,"中国特色的著作权法律体系基本建成,形成了以宪法为指导、《著作权法》为统领,6 件行政法规为基础、9 件部门规章为配套、45 件规范性文件为补充的较为完备的法律体系"(参见表4-5[①])。

---

① 新闻出版总署法规司.中华人民共和国著作权法律文件汇编[M].北京:中国民主法治出版社,2013:前言.

这种制度建设成就赢得了良好的国际声誉。世界知识产权组织前总干事鲍格胥博士曾专门指出,"在知识产权史上,中国完成所有这一切的速度是独一无二的"①。

表 4-5 我国现行版权法律法规(部分)

序号	名称	性质	公布年份
1	《著作权法》	法律	1990 年
2	《实施国际著作权条约的规定》	行政法规	1992 年
3	《著作权法实施条例》	行政法规	2002 年
4	《计算机软件保护条例》	行政法规	2001 年
5	《著作权集体管理条例》	行政法规	2004 年
6	《信息网络传播权保护条例》	行政法规	2006 年
7	《广播电台电视台播放录音制品支付报酬暂行办法》	行政法规	2009 年
8	《使用文字作品支付报酬办法》	行政法规	2014 年
9	《报刊转载、摘编法定许可付酬标准暂行规定》	规章	1993 年
10	《录音法定许可付酬标准暂行规定》	规章	1993 年
11	《作品自愿登记试行办法》	规章	1994 年
12	《国外著作权认证机构在中国设立常驻代表机构管理办法》	规章	1996 年
13	《出版文字作品报酬规定》	规章	1999 年
14	《计算机软件著作权登记办法》	规章	2002 年
15	《互联网著作权行政保护办法》	规章	2005 年
16	《展会知识产权保护办法》	规章	2006 年
17	《著作权行政处罚实施办法》	规章	2009 年
18	《著作权质权登记办法》	规章	2010 年
19	《教科书法定许可使用作品支付报酬办法》	规章	2013 年

---

① 国家版权局.中国版权事业二十年[M].北京:人民出版社,2011:22.

在国际版权制度体系建设方面,我国在1992年加入了《伯尔尼保护文学和艺术作品公约》。这是中华人民共和国成立后加入的第一个国际版权公约。同年颁布《实施国际著作权条约的规定》,宣布构建与国际接轨的法律制度体系。此后,又相继加入了《与贸易有关的知识产权保护协议》《世界知识产权组织版权保护公约》等主要的国际版权法律。更为重要的是,2012年《视听表演北京条约》在北京缔结,这是历史上在中国签订的第一个国际版权条约,2014年全国人大批准中国加入该条约。这标志着我国版权国际法制建设掀开了新的历史篇章。

表4-6 我国加入国际版权法律情况[①]

序号	名称	首次签订时间	中国加入时间
1	《伯尔尼保护文学和艺术作品公约》	1886年	1992年
2	《世界版权公约》	1952年	1992年
3	《保护录音制品制作者防止未经许可复制其录音制品公约》	1971年	1993年
4	《与贸易有关的知识产权保护协定》	1994年	2001年
5	《世界知识产权组织版权条约》	1996年	2007年
6	《世界知识产权组织表演和录音制品公约》	1996年	2007年
7	《视听表演北京条约》	2012年	2014年

此外,在刑事、民事、行政处罚等方面,与版权管理有关的制度体系也逐步建立,共同构筑了我国版权管理的制度体系屏障(参见表4-7[②])。

---

① 根据公开资料整理。
② 根据新闻出版总署法规司编《中华人民共和国著作权法律文件汇编》(中国民主法治出版社2013年版)和国家版权局编《中国著作权使用手册》(法律出版社2005年版)整理。

表 4-7　我国与著作权有关的法律法规和司法解释

序号	名称	性质	公布年份
1	《民法通则》	法律	1986 年①
2	《对外贸易法》	法律	1994 年
3	《行政处罚法》	法律	1996 年
4	《行政诉讼法》	法律	1989 年
5	《行政复议法》	法律	1999 年
6	《行政许可法》	法律	2003 年
7	《刑法》	法律	1997 年②
8	《电信条例》	行政法规	2000 年
9	《互联网信息服务管理办法》	行政法规	2000 年
10	《印刷业管理条例》	行政法规	2001 年
11	《出版管理条例》	行政法规	2001 年
12	《电影管理条例》	行政法规	2001 年
13	《音像制品管理条例》	行政法规	2001 年
14	《最高人民法院关于审理非法出版物刑事案件具体应用法律若干问题的解释》	司法解释	1998 年
15	《最高人民法院关于审理著作权民事纠纷案件适用法律若干问题的解释》	司法解释	2002 年
16	《最高人民法院、最高人民检察院关于办理侵犯知识产权刑事案件具体应用法律若干问题的解释》	司法解释	2004 年
17	《最高人民法院关于审理涉及计算机网络著作权纠纷案件适用法律若干问题的解释》	司法解释	2004 年
18	《最高人民法院、最高人民检察院关于办理侵犯知识产权刑事案件具体应用法律若干问题的解释（二）》	司法解释	2007 年

① 这里主要是指在 1986 年，著作权纳入《民法通则》，确定了制定著作权法的具体法律依据和具体原则。
② 这里主要是指版权犯罪在 1997 年进入《刑法》，确立刑事打击版权犯罪的法律依据。

续表

序号	名称	性质	公布年份
19	《最高人民法院、最高人民检察院、公安部关于办理侵犯知识产权刑事案件适用法律若干问题的意见》	司法解释	2011年
20	《最高人民法院关于审理侵害信息网络传播权民事纠纷案件适用法律若干问题的规定》	司法解释	2012年

二、立足国情构建了版权管理运行机制

在版权制度从无到有的建设发展进程中,版权管理的运行机制也逐步建立,形成了行政管理、司法管理、社会管理三者并行的工作格局。在版权行政管理方面,建立了以国家版权局为代表的各级行政管理部门,主要承担拟定版权管理政策并组织实施、国家享有版权作品的管理和使用、作品的版权登记和法定许可使用管理,涉外版权管理,组织查处版权领域重大及涉外违法违规行为,组织推进软件正版化工作。[①] 同时,基于中国国情,建立了版权行政执法机制,由版权行政管理部门承担一部分版权执法任务。在司法管理方面,主要由公检法机关承担相应的版权民事、刑事和行政案件的处理,进行涉及公共安全的版权侵权活动的查处审理,版权民事纠纷案件的受理以及版权行政诉讼案件的受理等。在社会管理方面,建立了中国版权协会等行业社会组织(参见表4-8、4-9),包括全国性的和地方性的,据统计,截至2016年年底,在民政部登记管理的全国性以版权(著作权)命名的社会

---

① 参见国家版权局官网:http://www.ncac.gov.cn/。

组织有6家,地方性以版权(著作权)命名的社会组织有71家。[①] 此外,在社会管理中,还开创性地建立了中国特色的版权集体管理模式,承担版权登记管理、版权认证、版权集体管理、版权宣传教育培训等职能,使社会管理成为版权管理的重要组成部分,发挥越来越大的作用。

表4-8 我国主要著作权集体管理组织

序号	组织名称	成立时间	备注
1	中国音乐著作权协会	1992年	1992年成立,2005年国家版权局批准成立著作权集体管理组织
2	中国电影著作权协会	2002年	2005年成立中国电影版权保护协会,2009年更名,变更为著作权集体管理组织
3	中国摄影著作权协会	2008年	
4	中国文字著作权协会	2008年	
5	中国音像著作权集体管理协会	2005年	

表4-9 我国地方性版权社会组织(部分)

序号	组织名称	登记机关	性质
1	安徽省版权保护协会	安徽省本级	社团
2	北京影视版权文化艺术促进会	北京市社团办	社团
3	首都版权产业联盟	北京市社团办	社团
4	河南省版权学会	河南省本级	社团
5	禹州市钧瓷著作权保护协会	禹州市本级	社团
6	湖南省版权保护协会(反盗版联盟)	湖南省本级	社团
7	青岛市立版权登记中心	青岛市本级	民办非企业
8	常州智果版权服务中心	常州市本级	民办非企业

---

① 根据民政部"中国社会组织"官网(http://www.chinanpo.gov.cn/)查询整理而得。

同时,文化、新闻出版、网络等相关行业行政管理部门从行业建设发展的角度,对相关行业的版权产品和服务行使管理权。

三、适应环境进行管理体制改革与完善

自我革新、自我完善,是制度演化变迁的规律,也是制度生命力的体现。近三十年来,我国版权管理体制根据经济社会发展需要不断革新完善,在法律制度修订完善、运行机制改革探索、管理体制创新实践等方面都进行了革故鼎新式的突破,显示了强大的适应性、优越性。在 1990 年《著作权法》颁布后,围绕版权创造、运用、保护等环节,版权相关法律法规都与时俱进地进行制度的废、改、立等工作。其中具有代表性的是《著作权法》,已经进行了两次修订,截至本书出版前正在推进第三次较大幅度的修订。

表 4-10 我国版权法律法规修订情况(部分)

序号	名称	性质	修订年份	修订次数
1	《著作权法》	法律	2001 年、2010 年	2
3	《著作权法实施条例》	行政法规	2011 年、2013 年	2
4	《计算机软件保护条例》	行政法规	2011 年、2013 年	2
6	《信息网络传播权保护条例》	行政法规	2013 年	1

不过,版权管理体制改革最主要的体现是对管理体制和运行机制的探索。按照国家层面的行政管理格局,国家版权局与国家新闻出版行政管理部门一直是"一套班子、两块牌子",商标管理归属国家工商行政管理部门,专利管理为知识产权行政管理部门单独管理,省市级以下大多如此。但是进入 21 世纪,一些地方在行政管理体制上进行了改革。一是上海浦东新区,实行专利、商标、版权三合一,管理与行

政执法合并。2015年11月，上海市浦东新区知识产权局成立，将专利、商标、版权三个领域的管理权与执法权合一，并承担知识产权项目产业转化、登记服务等任务，具有"监管和执法统一、培育和促进统一、交易和运用统一"的特点。二是深圳市，实行大部制改革，专利、商标、版权、技术秘密等管理与执法合一。2004年，深圳市知识产权局从科技局分离出来，率先在知识产权局加挂版权局的牌子，实现专利、版权的集合。2009年，深圳市进一步深化知识产权管理体制改革，实行专利、商标、版权、技术秘密四位一体的大知识产权管理体制，将工商行政管理局（物价局）、质量技术监督局、知识产权局（版权局）整合为市场监督管理局。之后，深圳市进一步深化改革，整合了市场监督管理局（食品安全监管局）、药监局，组建深圳市市场和质量监督管理委员会及市场监督管理局（质量管理局、知识产权局）、食品药品监督管理局。在机构职能上，深圳市市场和质量监督管理委员会及市场监督管理局除承担行政管理职能，还承担行政执法职能。三是苏州市，实行专利、版权二合一，管理与行政执法合并。2008年，苏州市将原在苏州市科技局挂牌的苏州市知识产权局独立设置，并将原在文化广电新闻出版局加挂的"苏州市版权局"牌子，改挂在苏州市知识产权局，负责除商标外的知识产权行政管理工作。知识产权局下设苏州维权援助中心，加挂"苏州市知识产权行政执法支队"牌子，行使知识产权（不含商标）执法职能。[①]

在管理体制改革方面另外一个全局性的实践就是地方版权行政执法机构和职能的改革。地市级及以下的政府机构设置中基本上没

[①] 本部分关于地方版权管理体制的改革材料，综合上海、苏州、深圳等地相关机构的政府网站而得，同时参考了叶宗雄等《上海浦东知识产权综合行政管理体制》(《中国发明与专利》2015年第3期，第6-9页)一文。

有专门的版权行政管理部门,大多与文化、新闻出版、广电等行业行政管理部门统筹整合。为了整合行政执法资源,从2004年起,国家推进文化综合行政执法改革,在版权行政执法被纳入文化综合行政执法的大框架下,其职责职权由文化行政执法机构代行代管。目前,"各级版权管理部门加强对文化市场综合执法的业务指导,提升各级文化市场综合执法队伍的版权业务水平和执法能力,构建以版权管理部门为基础、文化市场综合执法部门为骨干的版权执法监管工作新机制"[①]。有学者按照执法权力分类,将各地实践归纳为分散型执法模式、委托型执法模式和授权型执法模式。其中,分散型执法是指按照行政序列,分别行使各自领域的执法权力。比如,版权执法还是在版权行政管理部门。未进行综合执法改革的地方多采用这种模式。委托型执法,主要是成立综合执法机构,根据规章、文件,受委托集中行使文化、新闻出版、广电等行业行政管理部门的执法权力。执法机构只能代表委托机关进行执法,在隶属关系上归口相关行政部门,比如文化行政管理部门。较有代表性的是山东省枣庄、聊城等地市。授权型执法,主要是组建独立于文化、新闻出版、广电等行业行政管理部门的执法机构,受同级政府领导,根据地方性法规,直接行使文化、新闻出版、广电等领域的执法权力。较有代表性的是重庆市、上海市。这种执法改革与其他领域的执法改革一起,共同构成了中国执法管理体制改革的生动实践场域。

在司法管理方面的改革,最突出的就是将与版权有关的刑事、民事、行政案件从分散审理到集中审理,设立知识产权审判庭、知识产权法院,积极推进"三审合一"改革。

---

① 国家版权局版权管理司.版权执法监管工作总体情况[R].2017-5-20.

四、积累了版权管理的资源基础

多年版权管理体制建设的实践,奠定了版权管理的资源基础。这主要体现在三个层面。一是组织机构的普遍设立,包括行政管理机构、司法机构、版权社会组织等。二是人才队伍的持续构建,通过专业学科教育和实践培训锻炼,形成了一支从事版权行政管理、司法管理、法律事务、中介服务等工作的人才队伍,确立了人才资源基础。三是版权意识的逐步形成,在版权管理工作的推动下,社会各界的版权认知程度不断提升。据 2010 年的调查结果,"我国国民的版权认知度从 2005 年的 60.6%已上升到 2009 年的 74.6%"①。特别是在我国的倡议下,世界知识产权组织将每年的 4 月 26 日设立为世界知识产权日,而我国则由国家知识产权局牵头,将每年 4 月 26 日的前一周设立为全国知识产权宣传周,开展宣传教育活动,对提高公众知识产权认识水平起到了显著作用。

第三节　社会价值

一、服务国家治理理念提升和政治改革深化

作为经济社会发展和改革开放的产物,版权是典型的"舶来品"。时至今日,版权界也一直有人称中国的版权制度是"逼"出来的。不过,经

---

① 赖名芳.版权:助推中国文化大发展大繁荣[N].中国新闻出版报,2013-6-20(5).

历了从制度初建到体系基本健全的发展历程,版权已经在一定程度上融入政治、经济、文化、外交等各个方面,以一种特有的方式发挥对经济社会改革的助推作用。在国家宏观管理层面,版权管理已经从单向的呼吁国家高层重视、期望更多政策支持逐步转向,进入国家治理和社会建设的战略实践。一个可以佐证的数据是近三十年来国家重大政策文件中出现"知识产权(版权)"一词的频率对比。在代表国家年度经济社会发展情况和计划部署的国务院《政府工作报告》中,从改革开放的1978年到1982年,"知识产权"一词的出现频率为0;1990年后,则以每年1次的出现频率保持稳定。在体现中国共产党的执政布局的党代会报告和显示国家中长期发展规划的五年计划(规划)中,从20世纪90年代初到进入21世纪十多年间,"知识产权"一词的出现频率呈现猛增态势(参见表4-11、4-12)。

表4-11 1978年以来国务院《政府工作报告》中"知识产权"出现频率

年份	出现次数
1978年	0
1979年	0
1980年	0
1981年	0
1982年	0
……	
1991年	0
1992年	1
1993年	1
1994年	1
1995年	1
……	

续表

年份	出现次数
2011年	1
2012年	2
2013年	1
2014年	1
2015年	1

表4-12 1980年以来党和国家重要战略规划中"知识产权"出现频率

出现频率	文本名称	文本性质	关键词
1981年	《1981—1985年的国民经济和社会发展计划》	发展规划	0
1991年	《关于国民经济和社会发展十年规划和第八个五年计划纲要的报告》	发展规划	1
1992年	《加快改革开放和现代化建设步伐夺取有中国特色社会主义事业的更大胜利——在中国共产党第十四次全国代表大会上的报告》	党代会报告	1
2012年	《坚定不移沿着中国特色社会主义道路前进为全面建成小康社会而奋斗—在中国共产党第十八次全国代表大会上的报告》	党代会报告	2
2016年	《国民经济和社会发展第十三个五年规划纲要》	发展规划	8

在政治体制改革层面,由于版权管理的复杂性,以及国际化、法治化等特点,版权管理的问题往往具有一定的代表性,而对其问题的探索实践则往往有示范借鉴作用。比如司法管理方面,两个具有代表性的工作模式是行政保护与司法保护的双轨并行和"刑事、民事、行政案件的三审合一"。就前者而言,这是我国立足自身国情、发挥政治制度优势而创设的执法模式,不仅在版权执法领域存在,在卫生、工商等其他领域也大量存在。但是由于版权相关产业形势发展变化快,问题复杂多样,改革完善版权保护的"双轨制",其实践经验对其他行业有较强的借鉴参考意

义。就后者而言,版权兼有精神权利和经济权利"一体两格"的属性,以及版权案件经常与刑事、民事、行政相关联的特点,使得版权案件成为知识产权案件中的重点。而知识产权审判体制机制的改革,则为整个司法体制改革作了积累和积淀。一个典型的例证是,2014年6月,中央全面深化改革领导小组第三次会议聚焦司法改革主题,对《关于司法体制改革试点若干问题的框架意见》《上海市司法改革试点工作方案》《关于设立知识产权法院的方案》等三个关系到司法改革全局的重点工作方案进行了审议。在这里,知识产权法院设立工作与司法体制改革试点(全局性、整体性)、上海司法改革试点工作(地方代表性)并列,足见知识产权相关司法管理工作的重要性及其典型示范价值。

二、促进社会管理和服务体系的建设发展

创新和强化社会管理,提升社会管理服务水平,是经济社会发展到一定阶段的必然诉求。进入21世纪,社会管理工作得到社会各界的高度重视。2004年中国共产党十六届四中全会提出要"加强社会建设和管理,推进社会管理体制创新",此后多次在重大会议和政策中强调这一要求。由于我国长期突出行政管理的主导性,形成"大政府、小社会"的格局,社会管理的组织基础、环境条件等都相对不足。但是版权管理的实施推进,却对社会管理的改革完善起到了积极作用。

首先也是最基本的体现是,大量的版权社会组织的出现发展壮大了社会管理力量。这些社会组织均为新建,并且是出于版权管理的需要而建立的,不同于那些因为行政管理体制改革从行政管理部门转制成为行业协会的社会组织,相对而言,起点高、历史包袱较少,在机制构建、社会监督、管理服务等方面有一定的先天优势。

其次是版权社会组织发挥的特定作用，对促进社会管理发展有示范作用和参考价值。版权社会管理主要针对版权这种分布广泛、关系复杂的民事权利，要保护的不仅是作者的权益，也要发挥社会利益调节的作用，因此必然与其他管理部门、管理力量以及市场主体发生博弈关系。或许这种博弈关系在现实中的表现是工作矛盾，甚至是社会组织对某些特定的国有企业事业单位的起诉或者与之谈判协商。比如中国音乐著作权协会仅2015年一年，就针对全国多家持续侵权的电台、电视台提起了一连串的"广播权侵权之诉"；还有连续多年的对著名互联网巨头百度公司的侵权诉讼。① 这种博弈过程，一方面壮大了版权社会组织，另一方面也塑造了社会组织在权利维护、依法服务等方面的良好形象。

再次就是版权具体事务的管理模式的创新性、示范性。这方面的主要代表是著作权的集体管理模式。虽然该制度在欧美发达国家运作已有两百多年的历史，集体管理的范围也从最初的文学、音乐扩展到美术、摄影、电影以及网络、多媒体等领域，②但是在我国还属于新兴事物。我国从2004年开始建章立制、依法实施著作权集体管理，产生了深远、广泛的影响。其中的一个影响就是针对权利分散化、利益多元化、对象海量化的特定市场状况，提供了一个相对公平公正，体现"私人自治和抑制垄断的双重价值内涵"③，又能最大化降低交易成本的管理机制样本。这不仅对知识产权其他类型的管理具有参考价值，对信息、人口等其他社会管理领域，也有比较意义。

---

① 张群.音著协人员解答七大问题搞清音乐广播权付酬现状[N].中国新闻出版广电报，2016-3-31(7).
② 袁晞.《著作权集体管理条例》对社会、经济、文化生活有何意义[N].人民日报，2005-1-19(16).
③ 熊琦.著作权集体管理制度本土价值重塑[J].法制与社会发展，2016(3):96-108.

三、推动社会形成尊重创新、保护私权的良好氛围

对社会创新氛围的营造和私权保护意识的深化,是版权管理的又一社会价值。版权的基础是文化、艺术和科学领域创新思想的表达,包括版权保护在内的诸多版权管理制度的建立、相关工作的开展,必然为保护创新形成一道道无形的网,真正让社会公众认识到创新的丰富内涵和重要价值,引导社会公众身体力行去保护创新、支持创新。不过,版权管理在社会发展中的一大核心价值是在私权制度方面的重要作用。在我国版权管理的法制建设中,版权被作为一种民事权利来管理。不过,与有形产品的私权属性相比,在财产权利方面,作为无形产品的版权相对容易弱化而且争议相对较多。争议主要针对它基于知识这种公共资源、耗费的是人的脑力等特性。所以,版权管理在社会各个方面的"深耕细作",在一定程度上强化了社会公众尊重私人私权私利的意识,推动了保护私权的法制建设,对构建和谐社会、培育现代文明起到了积极作用。

第五章
目标差异——版权管理体制现实问题的层次分析

尽管我国版权管理体制建设发展取得了显著成就,彰显了多重价值,但就管理体制自身而言,也还存在一些问题。而这些问题产生的原因,从管理学角度看,是"实际状况与应有的要求标准之间的差异"[①]。如何认识这种差异?关键是从所谓的"标准"对照分析。其思路有两个方向:一是按照新制度经济学的观点,从制度需求——市场、产业的需要出发,看制度对市场的满足程度;二是从管理学的视角出发,将管理体制改革所追求的具体目标与现状进行比对。就前者而言,主要是以我国版权相关产业发展的基本情况作为参照,对我国版权管理体制的现状进行梳理分析;就后者而言,主要是参照我国版权事业发展的目标,发现当前版权管理体制存在的问题。因此,本章主要以知识产权强国建设的目标要求、国家治理体系和治理能力现代化的宏观要求为参照,结合版权相关产业的发展,对我国的版权管理体制存在的问题进行分析。分析的重点是从不同层面对问题的内涵和表现进行"解剖"和梳理:发展性——版权管理体制之于版权相关产业发展和国家政治、社会建设需要而呈现出的不足、差距;内生性——版

---

① 赵生昌.问题分析法在高中历史教学中的应用[J].赤子,2013(9):247-248.

权管理体制内部存在的不适性、不协调；实践性——版权管理体制在现实运行过程中存在的问题。

第一节　发展性问题

诚然，"制度的供给通常低于社会最佳供给水平"①，经济基础与上层建筑的矛盾运动始终存在，但解决这种发展性问题确实是制度改革变迁的主线。我国版权管理体制基于版权相关产业而存在、发展，同时作为中国特色社会主义制度的重要组成部分，又受整个国家政治经济体制制约，因此我国版权管理体制的发展性问题，主要在于不能很好满足版权相关产业的发展需求，在国家政治经济建设的大格局中的作用还不到位。

一、对经济发展需求适应不够

版权管理体制不能有效满足体量巨大、涵盖广泛的版权相关产业发展需求，尤其对新业态、新市场的支持保障不足。

1.制度有效供给不充分

一是存在一定的制度缺失，对产业领域覆盖不够。最典型的是民间文学艺术作品的版权保护。一方面，"我国民间文艺资源遍布乡野，蕴含丰富，仅国家公布的民间文艺项目就已逾数十万项之多"②，当下，

---

① 刘凤芹.新制度经济学[M].北京：中国人民大学出版社，2015：271.
② 罗杨.民间文艺不是摇钱树[N].人民日报，2016-3-29(14).

包括民间文学艺术作品在内的诸多传统文化资源成为推动文化产业发展的重要因素，同时也引起一些版权民事纠纷，比如曾经颇受关注的"歌唱家侵犯《乌苏里船歌》署名权""非遗'安顺地戏'维权诉讼"等案件。① 另一方面，在国际上，从20世纪中期开始，许多发展中国家就积极开展传统文化资源的版权保护，形成了《非洲知识产权组织班吉协定》《发展中国家版权突尼斯示范法》等制度成果。相比之下，1990年颁布的《著作权法》虽然在立法思路上将民间文学艺术作品纳入保护范围，但截至目前，具体的保护制度一直未落地。②

二是思维理念传统，对版权产业经济规律体现不够。我国的著作权法是"在计划经济条件下制定的，虽然2001年进行了第一次修订，但是此次修订仅为了满足加入世界贸易组织的需要作了局部调整，著作权保护基本状况未发生实质变化"③；2010年的第二次修订，主要是修改了第四条，增加了第二十六条，仅仅限于局部修改。④ 而面对以私权为主要制度基础、以市场经济主要形式的现代产业经济，现有版权管理体制相对僵化、保守，比如对版权作品经济利益的分配，通过行政规章的方式制定指导价格，如《使用文字作品支付报酬办法》《广播电台电视台播放录音制品支付报酬暂行办法》等。

---

① 周林.民间文艺版权立法迫在眉睫[EB/OL].(2016-5-14)[2016-12-6]. http://www.ce.cn/culture/gd/201605/14/t20160514_11580052.shtml.
② 2014年9月国家版权局起草《民间文学艺术作品著作权保护条例（征求意见稿）》，目前仍在推进当中。
③ 国家版权局版权管理司.关于建立健全版权工作六大体系的分析与思考[R].2007-10-20.
④ 将第四条"依法禁止出版、传播的作品，不受本法保护。著作权人行使著作权，不得违反宪法和法律不得损害公共利益"，修改为："著作权人行使著作权，不得违反宪法和法律，不得损害公共利益。国家对作品的出版、传播依法进行监督管理"。增加一条为："以著作权出质的，由出质人和质权人向国务院著作权行政管理部门办理出质登记。"

2.制度激励作用不充分

一是制度在降低交易成本方面的作用发挥不够。在新制度经济学理论看来,促进交易双方信息对称、努力降低交易成本,是制度存在的根本。我国的版权管理体制在这方面尚不够完善。其一是版权中介服务市场不发达。版权交易市场不够成熟、不够活跃,特别是著作权集体管理的规模和影响都还不够大。据统计,美国作曲家、作词家和出版商协会(ASCAP)在2004年就收取版税近7亿美元,在2001—2004年向会员分配超过了20.2亿美元;而中国音乐著作权协会2013年的著作权许可收入才1.12亿元,[①]中国文字著作权协会2008—2013年向作者转付稿酬仅600万元。[②] 其二是中介服务机构能力不强,"中介机构存在着数量少、类型发展不均匀、质量参差不齐、服务水平不高、服务内容单一等问题"[③]。其三是版权产业信息体系不完善。目前,全国性、专业化的版权信息服务平台尚未建立。除了书报刊等传统出版物,包括影视作品在内的不少版权产品的交易价格不公开、不透明,既影响了产业发展,也带来了权力"寻租"风险。

二是制度激励文化创新效用不足。激励生产、激励交易是制度的重要目标。比较而言,我国版权相关产业中对创新劳动的激励不够。首先是整个产业经济总量依靠创新的比例还不够高。以图书为例,我国图书定价中作者报酬所占比例偏低,一般一本书总定价中有不到

[①] 欣文.中国音乐著作权协会2013著作权许可收入1.12亿[EB/OL].(2014-2-7)[2016-12-7]. http://www.chinanews.com/cul/2014/02-07/5809491.shtml.

[②] 陈梦溪.文著协欲起诉苹果公司侵权曾获百度谷歌道歉[EB/OL].(2013-11-9)[2016-12-7]. http://www.huaxia.com/zhwh/whxx/2013/11/3622012.html.

[③] 中南财经政法大学知识产权研究中心.中国知识产权发展报告(2008.7—2010.6)[M]//吴汉东.中国知识产权蓝皮书(2009—2010).北京:北京大学出版社,2011:61.

8%为作者所得,而美国是10%—15%,学术图书则更高。① 在影视行业,编剧等故事创新主力的收入也参差不齐,收入两极化十分严重。② 而在美国,"编剧的首期工资占影片总投资的1%—2%","还可从影院放映、电视播出和音像制品出售的总收入中拿到提成"。③ 其次是对侵权盗版的惩戒力度不够。根据法律规定和实际情况,处罚、量刑往往以侵权所得为依据,并且以行政处罚为主,刑事处罚较少,因此对侵权人的处罚力度相对较弱,致使侵权成本较低,侵权现象难以禁绝。

二、对新技术发展形势呼应不够

近年来,与版权保护及版权相关产业关系最为密切的高新技术,特别是信息技术中的微电子技术、数字通信技术和其他数字技术迅速发展。这不仅改变了版权作品的形态、传播环境,也对版权管理的理念、手段以及制度、实践带来了极大的挑战。比较而言,我国版权管理体制在这方面尚有不足之处。

1.制度内容相对滞后于新技术发展

一是制度体系更新完善的步伐难以与技术发展相适应。现有法律法规"无法涵盖近年来新出现的网络传播行为,且对很多情况下网络服务提供商的行政责任没有作出明确规定","刑法中缺少对打击网

---

① 张青.中外图书定价比较[J].出版参考,2009(21):28-31.
② 洪靖惠.黑马编剧洪靖惠揭秘金牌编剧高收入现状[EB/OL].(2016-6-22)[2016-12-7].http://cnews.chinadaily.com.cn/2016-06/22/content_25805907.htm.
③ 梁良.利润重分配 美编剧大罢工真相[EB/OL].(2007-11-20)[2016-12-7].http://ent.sina.com.cn/v/u/2007-11-20/09241799825.shtml.

络侵权盗版的规定"。① 比如现有版权制度的"合理使用"和"法定许可"规则,我国《著作权法》对"合理使用"和"法定许可"采取了封闭式列举的方法,只规定了12种"合理使用"和4种"法定许可"情形。《信息网络传播权保护条例》中规定的"合理使用"和"法定许可"情形也主要是将《著作权法》中已有的"合理使用"和"法定许可"拓展至通过网络提供作品的行为,除此之外只增加了一种"法定许可"情形。这仅从数量上就难以体现网络环境下传播行为的复杂性。而且,除《信息网络传播权保护条例》对"合理使用"的规定之外,相关法律法规对于传统的"合理使用"如何适用于网络环境,仍然没有给出明确的回答。此外,"版权侵权第三人责任"不够完善、著作权犯罪的类型涵盖不全等,也是重要的问题。②

二是理念、思维不能很好适应数字时代新形势。目前,信息技术对整个版权相关产业乃至人的信息接触习惯都产生了重大影响,既改变了原有的产业结构(见表5-1③),使数字版权保护成为重点,也影响了社会的版权观念,一些原有的概念和模式受到冲击。比如对网络侵权案件中涉案作品"未经著作权人许可"的认定、对"链接行为"和"云储存"行为的界定等,目前都还有较大的争议。又如近年来依靠深层链接而形成的网络信息传播商业模式,也屡屡遭到非议。但是现有的版权立法和执法实践,都难以对此进行准确的定性和判定。此外,从发展的角度看,版权管理主要是协调传播者、作者和公众的利益平衡,在新技术条件下,作者权益损失的可能性和额度均大幅度增加,但止

---

① 新闻出版广电总局"强化网络版权执法监管"调研组.强化网络版权执法监管维护网络版权传播秩序[J].中国出版,2015(1):17-19.
② 王迁.网络环境中版权制度的发展[M]//张平.网络法律评论(第9卷).北京:北京大学出版社,2008:85-115.
③ 数据根据中国新闻出版统计资料汇编(2000年—2016年)有关内容整理。

损和补偿却相对困难。对此,一些发达国家早在20世纪末就尝试实行版权补偿金制度,以弥补权利人因为技术发展而带来的经济利益损失。而我国则一直没有相应的制度理念和思维。

表 5-1 2011—2015 年全国出版、印刷和发行服务与数字出版的营业收入对照

项目	出版、印刷和发行服务		数字出版		
	营业收入	同比增长率(%)	营业收入	同比增长率(%)	占全行业营收(%)
2011 年	14 568.6	17.7	1 377.9	31.0	9.5
2012 年	16 635.3	14.2	1 935.5	40.5	11.6
2013 年	18 246.4	9.7	2 540.4	31.3	13.9
2014 年	19 967.1	9.4	3 387.7	33.4	17.0
2015 年	21 655.9	8.5	4 403.9	30.0	20.3

2.运行机制未能根据新技术环境作及时调整

一是管理机构和职能设置相对传统、滞后。就打击侵权盗版而言,在以往的技术条件下,实施"职业化"的版权侵权通常需要有场所和机器设备等物质条件,而侵权制品也通过市场流通渠道以线性方式逐级逐段向外蔓延扩散,因此,版权管理机构采取按照地理区划逐级设置的模式。但是在信息技术高度发达的当下,网络成为侵权盗版的高发区,而网络的匿名性、海量性、迅速性以及容易灭失性等特点,使传统的自上而下的层级式、属地管理机制难以发挥作用。比如网络侵权案件中,网站备案地、服务器所在地和侵权人所在地通常不在同一地区,这给版权执法带来了现实困难。就执法对象而言,版权行政执法的职责主要针对涉及公众利益的违法行为,执法对象往往是职业化的组织机构或团伙,但是随着网络的普及,网络侵权行为的施加对象越来越大众化。资料显示,目前网络中可供 P2P 软件用户共享的

MP3歌曲已达到几十亿首,使得世界各主要国家的正版唱片销量下降了10%至50%,甚至导致一些国家的唱片公司平均裁员10%。[①] 对此,一方面不可能对海量的P2P软件用户的违规行为逐一查证,另一方也不能对P2P技术封杀了之。按照目前的执法机制,此困境破解难度较大。

二是管理能力和手段还难以适应新技术发展需要。版权管理既有版权保护的责任,同时也具有促进版权相关产业发展的重任。就前者而言,现有的版权管理队伍在工作手段和素质能力上有所欠缺。面对网络环境下智能化、信息化、迅捷化的网络侵权态势,一方面,以目前版权行政管理部门的技术手段与办案条件,难以很好应对当前的复杂局面,特别是基层执法队伍,"办理网络案件数量少,办案经验不足,查处手段单一,导致对有些案件查而无果、办而不彻"[②],另一方面,网络版权行政执法与传统领域的版权执法相比更加复杂,技术含量很高,而目前还没有一个具体的操作规范,因此各地执法部门尤其是综合执法机构在查处网络侵权案件上存在着依据不足、难以执行的困难。[③] 就后者而言,版权相关产业在新技术的推动下,商业模式、市场形态、产品类型都有了很大变化,单纯从执法角度打击侵权盗版从而推动产业发展,已经不能满足产业发展的需要。市场更需要在法理和实践上为市场规范和商业创新列出"负面清单",进而确立公平竞争的市场规则。同时,也需要版权管理机构从扶持产业角度给予相应的政策指导和物质激励。但是目前,版权管理对于以信息传播为主要内容

---

① 王迁.网络环境中版权制度的发展[M]//张平.网络法律评论(第9卷).北京:北京大学出版社,2008:85-115.
② 新闻出版广电总局"强化网络版权执法监管"调研组.强化网络版权执法监管维护网络版权传播秩序[J].中国出版,2015(1):17-19.
③ 国家版权局版权管理司.版权执法监管工作总体情况[R].2017-5-20.

的网络商业模式,还缺少足够的、及时的应对,而对产业的正向激励、相应政策一直缺位。

三、对国家政治建设和发展需求的服务有待增强

主要是版权管理对国家政治建设的推进作用还不够强,在制度创新、国际交往、公共服务等方面的优势和地位不突出,对为人民服务宗旨的体现、对国家现代治理体系和治理能力的建设贡献还不够。

1.公共服务作用不够强

一是促进社会和谐发展的功能有待强化。我国版权管理体制长期以来作为政府管理出版业以及相关行业的一种手段,对体现社会公平和正义——公共行政的根本目的所在[①]——还不够。主要是调节作者、传播者和社会公众的利益关系用力不均。就整体而言,传播者议价能力强、维权资源广、权利保障充分,甚至一些传播者不尊重版权、肆意扩权。以广播电台、电视台使用录音制品为例,2009年国家版权局颁布《广播电台电视台播放录音制品支付报酬暂行办法》,初步解决了广播电台、电视台使用录音制品不交费、长期无偿使用的问题,但制度的执行覆盖面不够完整,仍有相当多的广播电台、电视台拒绝对使用录音制品付费,导致付费使用程度低,权利人维权之路艰难。[②] 比较而言,对作者的权利、对公众应当享有的文化权利,保障力量不足。又如目前的版权相关产业的财税政策中,并没有相关的制度设计允许抽

---

① 张国庆.公共行政学(第三版)[M].北京:北京大学出版社,2007:614.
② 张群.音著协人员解答七大问题搞清音乐广播权付酬现状[EB/OL].(2016-6-7)[2016-12-12].http://media.people.com.cn/n1/2016/0331/c40606-28241870.html.

取少量产业利润用做鼓励作者创新和服务公众文化需求。此外,营造文化创新环境的作用发挥不够。现有的版权管理体制的重点在于版权保护,尤其是版权行政管理部门,版权执法是其工作重心,在营造尊重文化创新的社会氛围方面,正向的激励和宣扬手段不够丰富。目前所开展的版权宣传教育活动,往往与知识产权行政管理部门联合,而较少与文化行业部门联合,这使得版权保护宣传成为打击假冒伪劣、维护市场秩序的舆论环境组成部分,而对文化创新观念的深化作用则相对较弱。

二是服务人民群众的需求的职能有待深化。我国版权管理体制作为治国理政的重要抓手,在满足人民群众对美好生活需要,特别是深层次、高质量的精神需求方面尚有待深化。目前版权管理的重点是市场监管,打击侵权盗版活动的侧重点是维护权利人的经济利益。至于作品权利人精神权利的维护,特别是普通作者相关权益的维护,社会关注度不高,保障资源少。还有就是版权工作体系公共服务作用不强。在目前的政府治理框架和现实工作格局中,版权行政管理部门在公共文化服务、法律服务等方面发挥的作用都还比较有限。

三是制度创新的示范效应有待拓展。在推进国家现代化治理体系和治理能力建设,构建、完善具有中国特色的版权管理体制方面,还有较大的提升空间,与"基本实现知识产权治理体系和治理能力现代化"[1]要求相比尚有差距。其一是全面深化改革力度不够。在管理理念、管理机构、管理方式等方面,工作惯性大,对于适应创新型国家需要,适应全面深化改革需要而进行自我调整完善的力度不够大。比如著作权集体管理制度,应该是版权管理借鉴世界先进经验而创设的一

---

[1] 参见国务院《关于新形势下加快知识产权强国建设的若干意见》(国发〔2015〕71号)。

种社会管理新模式,但目前制度所彰显的生命力和影响力还不够,在一定程度上制约了社会各界对版权管理制度创新的认可——这并非集体管理模式本身的问题,而是适应国情需要对制度的本土化改造不够。其二是制度创新能力不够强。几十年来,司法保护与行政保护并重的版权保护体制成为我国版权管理体制的特色,彰显了中国特色社会主义制度的优势,也较为符合国情。但是随着版权事业发展进入新阶段,在单行法立法、执法体制、社会管理等社会关注的重点领域,除了文化市场综合行政执法改革外,进行的深层次创新探索还不多。对于版权制度创新的理论研究和积累也还不够充分。

2. 国际竞争力不够强

一是国际版权话语权有待增强。虽然我国版权事业的国际影响力不断提高,但我国的版权保护水平在整体上与发达国家仍有差距,未达到知识产权强国建设要求的"逐步形成产业参与国际竞争的知识产权新优势"[1]。主要的体现是参与制订国际版权规则的能力还不够高。目前,影响世界版权产业,特别是版权贸易的规则体系,大多由英美等西方国家主导,比如《与贸易有关的知识产权协议》主要体现的是美国等西方国家的利益主张。"WIPO 从其成立至今,基本上反映的是发达国家的利益取向。"[2]尽管我国主导推动的《视听表演北京条约》于 2012 年 6 月 26 日在北京成功签署,成为在中国签订的第一个国际知识产权法律,但是在主要的版权贸易规则体系建设上,我国的发言权还不够。再有就是在世界版权组织中的影响力不够。在世界知识产权组

---

[1] 参见国务院《关于新形势下加快知识产权强国建设的若干意见》(国发〔2015〕71 号)。
[2] 王志成. 版权执法面临形势和任务[EB/OL]. (2011-12-9)[2016-12-10]. http://news.163.com/11/1209/17/7KRNU6IM00014JB5.html.

织、联合国教科文组织等世界版权和文化组织及其下属机构中,鲜有由中国人担任高层管理者的情况。比如世界知识产权组织的现任高层管理团队,16名团队成员中仅有王彬颖女士1名中国人。历任世界知识产权组织总干事、联合国教科文组织总干事,均无中国人担任。① 这在一定程度上体现了中国的话语权和影响力状况。

二是在国际版权贸易中还缺少主动权。在版权进出口方面,2005年—2015年,我国版权输入、输出比有所提升,但是与英美等发达国家的版权贸易,仍然是严重的贸易逆差。比如在2015年,我国从美国引进版权作品5 251种,输出1 185种,从英国引进版权作品2 802种,输出708种,②并且我国输出版权作品的国际影响力不够强。在具体的产业竞争层面,2012年美国核心版权产业4个主要行业部门(书报刊产业、录音产业、电影电视录像产业、计算机软件产业)的对外销售和出口额为1 420亿美元,而据不完全统计,同年我国核心版权产业货物和服务出口总额为140.10亿美元,仅为美国的十分之一。③ 根据2017年发布的《2014年中国版权产业的经济贡献》调查报告,中国版权产业的商品出口额为2 944.92亿美元,其中核心版权产业的商品出口额为45.65亿美元,仅占全部版权产业的1.55%,说明中国版权产业的商品出口以低端制造业为主,而非承载文化核心价值的产业链上游,即版权内容的原创。④

三是应对国际版权争端的能力有待强化。加入世界贸易组织后,

---

① 参见世界知识产权组织网站 http://www.wipo.int/portal/zh/,联合国教科文组织网站 http://en.unesco.org/。
② 参见全国新闻出版统计网:http://www.ppsc.gov.cn/tjsj/。
③ 国家版权局版权管理司.关于版权贸易背后的文化冲突与霸权主义[R].2016-5-20.
④ 中国新闻出版研究院.2014年中国版权产业的经济贡献(报告摘要)[N].中国新闻出版广电报,2016-4-28(11).

我国与其他国家的知识产权摩擦大量增加。一方面是被动应对外国的版权诉讼，较为典型的是从2007年起跨越三年、持续二十个月的中美知识产权争端，最终以中国修订《著作权法》而告终。另一方面是应对外国人在国内的法律诉讼准备不足。在行政案件方面，近几年中国法院审理涉外知识产权行政案件大幅增加，而"在这些诉讼案件中，众多政府机构，如各级著作权管理部门，通常被指控官方裁定不当"[①]。此外，在国际版权应对的理论和实践方面，也缺少积累和储备。

四是利用版权管理手段维护国家和民族利益的意识和能力有待强化。由于版权管理的法治化特征和版权贸易的全球性特点，世界各国越来越重视利用版权管理来实现国家利益——经济的、文化的以及政治的。相比而言，我国版权管理在这方面的作用还不显著。较为突出的是版权管理在保护文化利益方面力量不够。比如在传统文化的弘扬和保护上，一些发展中国家力推建立保护传统文化资源的版权国际规则，以捍卫国家文化利益、保护民族文化，同时也抵制西方发达国家对这些传统文化资源的掠夺。[②] 我国在这方面的积极性、主动性不够突出，版权管理制度和版权行政管理部门的作用发挥有限。此外更重要的是版权管理在维护意识形态安全方面作用发挥不够。我国主要通过文化宣传、思想政治等方式加强意识形态安全工作，版权管理部门对于自身承担的维护意识形态安全、文化安全的责任，虽有明确认识，但在相关工作格局中缺少话语权，更重要的是现行的版权制度体系对此缺少足够的支撑，难以最大化发挥版权管理的政治保障能力。

---

① 曹音.中国涉外知识产权纠纷持续增加[EB/OL].(2016-5-4)[2016-12-10]. http://world.huanqiu.com/hot/2016-05/8853155.html.
② 吴汉东.中国知识产权蓝皮书(2007—2008)[M].北京:北京大学出版社,2009:74.

第二节 内生性问题

国务院《关于新形势下加快知识产权强国建设的若干意见》（国发〔2015〕71号）提出，要"基本形成权界清晰、分工合理、责权一致、运转高效、法治保障的知识产权体制机制"。就我国版权管理体制而言，目前的制度设计和安排，并不能完全实现上述目标，存在一些难以自我调适的内生性问题。

一、行政保护与司法保护的矛盾

版权行政保护与司法保护并行是我国版权管理体制的一大特色，对版权事业发展起到了巨大作用。但是随着国际国内环境和版权相关产业的发展，这种体制的内在矛盾也逐渐凸显。

1.行政保护主线与司法保护主导的冲突

就司法保护、行政保护的地位而言，前者是主导，是"最高权威的管理形式，也是版权管理的主要形式，从长远看，这也是版权管理的主要形式"[1]；后者是针对我国版权管理的历史和现状、发挥我国制度优势的过渡性措施，"应是一个由强到弱的过程"[2]。多年的实践中，行政保护发挥及时、快捷、程序相对简单的优势，加上行政管理机关执法主动性强、协调能力强，逐渐承担了版权执法的大量任务，成为版权保护

---

① 宋木文.宋木文出版文集[M].北京：中国书籍出版社，1996：681-687.
② 阎晓宏.努力推进我国版权事业的发展[J].知识产权，2008(4)：8-10.

的主体(见表 5-2①)。相比之下,司法保护虽然权威性高、独立性强、赋予权力广泛,但是主动性弱,程序复杂,专业性有限,其主导地位体现得并不充分。特别是面对侵权盗版手段网络化、专业化、跨区域化的形势,版权行政执法职权有限,缺少人身强制、证据保全、跨区执法等权力,而司法机关虽然职权充分,但是精力有限、缺少专门队伍,所以,版权行政保护主线地位与司法保护主导作用的矛盾不断加深。

表 5-2 2011—2015 年全国版权执法查办案件情况

年份	2011 年	2012 年	2013 年	2014 年	2015 年
"剑网"行动查办案件数	1 148	282	263	440	383
各地累计查办案件数	4 529	2 249	3 567	2 600	1 177

2.行政保护高效性与司法保护终局性的矛盾

在执法效果方面,从时间成本、投入精力、行动时效、专业能力等角度考量,版权行政保护具有公认的高效性,这也是行政保护的生命力。但问题在于,无论国际公约还是国内法律,都规定了法律审查的最终性、权威性效力。按照法律规定,出现版权纠纷既可以选择行政裁决,也可以选择法院审判。若选择行政裁决又对其结果不服,则可以继续选择法院。这样就设置了相对繁琐的保护程序,无疑给行政保护的高效性打了折扣。行政执法在版权领域的专业性也并不能替代司法保护的专业性。反过来看,司法保护具有终局性的效力,在坚持程序正义、社会公正方面有优势,但是实践中,司法保护的终局性主要体现在法院的审判工作上,需要一系列的程序,并且在主动性、时效性、行业专业性上相对缺欠。

---

① 数据根据国家版权局官网(http://www.ncac.gov.cn)有关材料整理。

3.行政保护、司法保护相互配合与衔接不足的矛盾

版权行政保护与司法保护并行的一个重要内涵就是两者相互配合,有效衔接。根据我国版权法律规定,当侵权人的特定侵权行为同时损害公共利益时,侵权人除了要根据权利人的诉讼请求和法院判决,向权利人承担民事责任之外,还可能承担行政责任,即由著作权行政管理部门对侵权人予以行政处罚。如果侵权行为对社会公共利益的损害达到一定程度,则要承担刑事责任。这里,损害公共利益的边界、严重损害公共利益的标准,在相关的法律法规中均有明确的解释,比如《刑法》第3章第217条"侵犯著作权罪"、第218条"销售侵权复制品罪"以及有关的司法解释对此都有规定。问题在于,侵权行为如果同时包含了民事、行政、刑事三重责任,虽然责任标准有法律规定,但是如何执行,却存在困难。目前,在一些打击侵权盗版的专项行动中,行政管理机关、公安机关、法院、检察院等确实进行了一定的配合协作,但是总体来看,配合衔接还存在一些空白地带。比如行政执法过程中,将一些涉及刑事犯罪的案件移送司法机关,"目前没有法律对案件移送过程中的证据、移送时间、相关手续和材料作出明确规定,对检察机关的行政执法监督还缺乏一定力度,导致行政执法与刑事司法之间的衔接出现'真空区'"[1]。据统计,"在2000年至2009年版权行政执法部门办理的83 686起行政处罚案件中,仅有其中2.4%的案件移送公安部门"[2]。再比如由于行政保护与司法保护有相对分工、各自管辖,虽然法律对侵权行为定性、处理有标准,但是具体问题多种多

---

[1] 姜芳蕊.知识产权行政保护与司法保护的冲突与协调[J].知识产权,2014(2):76-81.
[2] 王志成.版权执法面临形势和任务[EB/OL].(2011-12-9)[2016-12-10].http://news.163.com/11/1209/17/7KRNU6IM00014JB5.html.

样,执法过程中对标准的理解和执行不完全一致,甚至出现同一事件,行政机关和法院裁决完全相反的情况。①

二、文化市场综合执法与版权行政执法的矛盾

文化市场综合行政执法(本章简称"综合执法")是在现有的行政管理制度框架下,对文化市场监管的一种机制创新,在提高执法效率、优化行政资源等方面起到了重要作用。但在实践中,综合执法与现有的版权行政执法存在一定的矛盾。

1.综合执法的整合性与版权执法的专业性的矛盾

按照中央有关文件,综合执法"集中行使文化、广电、新闻出版、版权、文物等文化市场领域的行政执法权",根据法律授权,接受有关部门开展"查处著作权侵权行为"等8个方面的执法活动。② 在管理体制上,上下贯通,"省、市、县三级文化市场管理工作领导小组,统一领导本行政区文化市场管理和综合执法工作"③,"文化部负责指导全国文

---

① 姜芳蕊.知识产权行政保护与司法保护的冲突与协调[J].知识产权,2014(2):76-81.
② 中共中央办公厅、国务院办公厅2016年《关于进一步深化文化市场综合执法改革的意见》明确文化市场综合执法的范围:依法查处娱乐场所、互联网上网服务营业场所的违法行为,查处演出、艺术品经营及进出口、文物经营等活动中的违法行为;查处文化艺术经营、展览展播活动中的违法行为;查处除制作、播出、传输等机构外的企业、个人和社会组织从事广播、电影、电视活动中的违法行为,查处电影放映单位的违法行为,查处安装和设置卫星电视广播地面接收设施、传送境外卫星电视节目中的违法行为;查处放映未取得《电影片公映许可证》的电影片和走私放映盗版影片等违法活动;查处图书、音像制品、电子出版物等方面的违法出版活动和印刷、复制、出版物发行中的违法经营活动,查处非法出版单位和个人的违法出版活动;查处著作权侵权行为;查处网络文化、网络视听、网络出版等方面的违法经营活动;配合查处生产、销售、使用"伪基站"设备的违法行为;承担"扫黄打非"有关工作任务。
③ 参见中共中央办公厅、国务院办公厅《关于进一步深化文化市场综合执法改革的意见》。

化市场综合行政执法"①,组织领导力度较大,执法队伍实力较强。但现实却存在难题:各地执法机构模式不同,文化市场综合执法队伍受不同层级的政府行政管理部门领导,同时新闻出版广电、文化、网络等行业管理部门分设,容易造成执行标准不统一、指导力度不够、专业性不到位等问题;并且,由于权力多且集中,执法任务又重,综合执法在实践中不免形成选择性执法的倾向——对执法专业性要求高、难度大、容易引起纠纷的版权领域不重视,往往无法顾及打击盗版的工作。②尤其在区县一级,综合执法人员有限,素质不高,难以完成多样化的执法任务。比如河北省某县,文化市场执法队仅有9个编制、7人在岗,专业执法人员仅5人。5人中,有3人为师范学校毕业,另2人为工勤人员,对法律法规、对网络知识、对广电新领域执法了解不深不精,严重影响执法效果。③

2. 综合执法的市场整合与版权执法的行业贯穿的矛盾

综合执法整合了8个方面的行政执法资源,就其特点而言,一是文化性,主要面向大文化范畴,不涉及非文化领域;二是综合性,涉及目前所见到的主要文化市场产品和服务的经营活动;三是终端性,重点在文化市场及文化产品和服务的流通销售环节。但是版权行政执法的重点涉及版权的所有作品类型、作品形式的相关行业领域,针对版权的合法使用,不管是创作环节、生产环节,还是流通环节,都有监管执法权限。版权行政执法不仅限于大文化范畴,还涉及非文化范畴的计算机软件、建筑、设计等。并且,其执法目标是保障合法权利,重

---

① 参见文化部《文化市场综合行政执法管理办法》。
② 王志成. 版权执法面临形势和任务[EB/OL]. (2011-12-9)[2016-12-10]. http://news.163.com/11/1209/17/7KRNU6IM00014JB5.html.
③ 吕海波. 抚宁县文化市场执法存在的问题及对策[J]. 大众文艺,2015(18):12.

在打击侵权行为,而不是一般的违法经营活动。因此,综合执法难以替代版权行政执法,二者的执法范围存在交叉不完全的情况,执法宗旨取向不完全一致。

3. 综合执法受权执法与版权执法依法执法的矛盾

综合执法目前的管理体制和工作模式,其制度依据主要是《行政处罚法》《行政强制法》和中共中央、国务院的政策文件以及文化行政管理部门的规章制度。综合执法机构主要通过受托或授权方式承接其他行政管理部门的法定权力。在法理依据上,《行政处罚法》专门针对行政行为作出处罚,《行政许可法》根据当事人的申请作出许可决定,这两部法律为行政综合执法提供了有力保障。但是,《行政处罚法》与《行政许可法》是对行政法系统下某个程序的说明,相对来说都比较笼统化和原则性。目前,尚未出台统一的法律对文化市场综合行政执法机构的执法内容、执法权限等进行限定。《行政处罚法》第17条明确规定,具有管理公共事务职能的组织只有取得法律或者法规的授权才能实施行政处罚。实践中,一些地方的综合执法机构只是根据部门规章或政策性文件就实施行政处罚,其行政主体执法资格的合法性值得探讨。

版权执法则是根据《著作权法》第7条和国务院"三定"规定,法律授权充分,执法权力来源直接且有约束力。综合执法替代版权执法,一方面,受基层版权行政管理体系不健全的制约,易造成授权主体缺位,权力来源合法性不明确,比如在"快播案"的庭审过程中,深圳市场监管局是否有处罚权就成为争议焦点之一;[①]另一方面,综合执法在行

---

① 滑璇.快播告深圳市监局案二审开庭面对2.6亿天价罚单,快播不服[EB/OL].(2016-6-28)[2016-12-12]. http://www.infzm.com/content/117992.

业领域专业性上的不完善、执法范围界定不清、与有关部门协调分工不畅的情况,也会形成执法不严的弊病。

4.综合执法公权行使与版权执法私权保护的矛盾

按照中共中央办公厅、国务院办公厅《关于进一步深化文化市场综合执法改革的意见》,综合执法的宗旨是"推动现代文化市场体系建设,更好地维护国家文化安全和意识形态安全"。在逻辑和法理上,综合执法是依据公法、行使公权的行为——维护社会秩序、保障国家安全,体现国家强制力的权威性。其执法对象是违反市场法制、破坏公共安全的非法行为。比较而言,根据《著作权法》和《著作权法实施条例》,版权执法的目的是"保护文学、艺术和科学作品作者的著作权,以及与著作权有关的权益",防止公共利益的损害。在逻辑和法理上,版权执法是依据私法、保护私权的行为——维护著作权人和传播者的私权,同时保护公共利益,而保护私权、依托私权是版权执法的根本。换言之,一般文化市场违法行为,主要损害的是国家和社会的利益,包括内容上的和形式上的,比如扰乱正常文化市场秩序,产生文化安全隐患等;而版权违法行为,最主要是侵害著作权人的利益,由于数量、影响等因素损害公共利益,比如个别抄袭损害著作权人权利,成规模的盗版则扰乱市场正常交易。单纯把版权执法纳入综合执法,一方面加重了版权管理私权保护公权化的倾向,另一方面,在实践当中也容易产生执法边界、执法重点和执法对象等方面的矛盾。

三、行政管理与社会管理的矛盾

行政管理、社会管理是我国版权管理"三足鼎立"体制中的两个支撑。特别是社会管理，由于"版权工作既不是系统管理，也不是行业管理，而是社会化管理"①，其作用和地位日益重要。但在目前，二者关系还不够顺畅，存在一定的矛盾。

1.行政机关指导管理与社会组织依法自治的矛盾

受管理体制影响，目前，版权社会组织的新建，需按照《社会团体登记管理条例》要求，经业务主管部门——版权行政管理机关审查同意，同时，绝大多数版权社会组织仍是版权行政管理机关的二级机构，接受其指导和管理。同时，由于我国版权社会管理的历史较短，版权社会组织的产生很多就是在版权行政管理机关的推动下成立的，并且承接了不少政府机关委托的工作，因此，社会组织的行政色彩较浓，对行政机关的依赖性强，自治性、独立性不够。特别是著作权集体管理组织，一些人认为"公权力色彩过重"②。这样，行政机关的行业指导、业务监督就成为事实上的"包办"乃至"站台"，社会组织缺少依法自治、独立运行的动力和基础，二者未能有效衔接、转换。③

2.行政管理权力范围过宽与社会管理作用发挥不足的矛盾

在行政管理和社会管理的职责范围、任务分工上，仍然是前者"大而全"，后者"小而散"的状态。行政管理承担的社会任务较重，对一些非职权范围内的事务也有介入。比如对集体管理组织与使用者以及

---

① 邹韧.版权社会服务看准要点好发力[N].中国新闻出版报，2014-9-24(7).
② 陈明涛.修改中的著作权法集体管理制度之殇：权力与市场的错位[EB/OL].(2012-9-28)[2016-12-12].http://legal.people.com.cn/n/2012/0928/c188502-19136561.html.
③ 2015年，中央提出行业协会商会与行政机关脱钩。2016年6月，中国音乐著作权协会、中国音像著作权集体管理协会、中国文字著作权协会、中国摄影著作权协会、中国电影著作权协会被列入全国性行业协会脱钩试点名单。

集体管理组织之间的争端的处理,引起了社会的质疑。① 与此同时,版权社会组织团结的社会力量还不大,社会各方面参与版权社会管理的积极性还不够高,整个社会对版权社会组织和社会管理的认可度还不够高。

第三节 实践性问题

我国版权管理体制运行几十年来的绩效得到了广泛认可,这体现了制度自身的价值和力量。但同时,制度设计与实际运行的不完全一致也客观存在,导致一些工作背离了初衷,一些制度构想难以有效执行,比如形成了"立法水平高于保护水平"②的现实。这样,既影响了制度作用的发挥,也带来了实效性不足的问题。

一、行政管理运行不够科学

1.机构设置:权威不足与权力集中的悖论

一是副牌机构难以实现应有的话语权与行动力。在国家层面,国家版权局作为国家新闻出版广电总局的副牌机构③,在管理决策、落实执行等方面,受制于新闻出版广电行政管理体制,其对党和国家知识产权重要决策的影响力、行政管理执行能力、对外联系沟通功能等,难免受到影响。根据国家新闻出版广电总局(国家版权局)内设机构"三

---

① 王迁.集体管理制度遭遇四大问题[N].中国新闻出版报,2007-4-5(11).
② 吴汉东.中国知识产权法制建设的评价与反思[J].中国法学,2009(1):51-68.
③ 本章论述版权行政管理体制有关问题,仍以2017年的实际情况为依据,并不涉及2018年深化党和国家机构改革出现的新情况。

定",总局24个机关司局,其中与版权直接相关的主要是版权管理司,而与版权管理有关的政策法规、计划财务、人事教育等事务,均纳入总局的相关司局业务。在机构编制上,版权管理司行政编制17名,设4个处室(综合处、社会服务处、执法监管处、国际事务处)。总局领导设置方面,总局局长兼任国家版权局局长,总局一名副局长兼任国家版权局专职副局长。在省一级层面,新闻出版广电行政管理机构加挂版权局牌子,工作格局与国家局类似。这种机构设置和领导隶属关系安排,使得版权行政管理很难脱离新闻出版行政管理,拥有单独的影响力和话语权。

二是管罚同一、事权集中易带来权力寻租。目前,包括版权行政管理在内,我国知识产权管理体系的主要特点是行政管理与行政执法一体化。知识产权管理机构不仅具有专利授权、商标注册、版权登记等职权,同时还进行知识产权案件调解、裁决及对知识产权违法行为的查处。"知识产权的管理授权主体同时也是知识产权的执法主体,集管理和处罚职能于一身,使得其在行政执法时缺乏监督"[①]。在国家层面,国家版权局具有政策制订、交流合作、行政事项审批和执法查处等权力,省市及以下版权行政管理机构,不论是否进行文化市场综合执法改革,都兼具管理权和执法权。虽然,由于版权案件的涉案金额通常不高,版权行政管理部门在版权相关产业中并无特定的行业利益,但是也存在着管理、处罚同一,不利于监督和公平的问题。

2. 工作体系:多层级多头绪与机构职能不健全的两难

长期以来,版权行政管理工作体系呈现出相互矛盾的两大问题。

---

① 吴汉东.中国知识产权法制建设的评价与反思[J].中国法学,2009(1):51-68.

一方面是机构职能不健全,"高位截瘫"。国家和省一级设有专门的版权行政管理机构,地市级以下基本未设立,缺少自上而下贯通一体的工作体系,"而版权社会监管的重心在基层,版权执法的重点在市场"[1],机构职能不健全导致版权监管能力不够,无法真正在实践中实现法律赋予的职责。另一方面是多层级多头绪管理,版权管理按照行政区划实行条块结合的工作模式,自上而下层层设置工作机构,同时,各个行业领域又依据自身职权开展与版权有关的行政管理工作,比如文化、工商、扫黄打非等部门,形成了多头参与的局面。客观地讲,这种多头参与的情况在我国的行政管理中具有一定的普遍性(参见表5-3[2]),在其他行业也较为常见,但对版权管理而言,多层级与多头绪交织,再加上版权侵权案件跨区域、跨行业的特征日益显著,使得问题的严重性不断加深。

表5-3 政府执法中存在的主要问题

选项	直辖市		其他省级区域	
	选择计数	百分比	选择计数	百分比
多头执法、重复执法现象严重	432	75.3	1 479	75.5
执法手段不足	326	56.8	1 078	55.0
执法程序不透明	317	55.2	1 119	57.1
执法责任制落实	299	52.1	1 099	56.1
执法人员缺乏法律意识、态度粗暴	274	47.7	1 005	51.3
其他	10	1.7	34	1.7
参选人数总计	574	100.0	1 960	100.0

---

[1] 国家版权局版权管理司.关于建立健全版权工作六大体系的分析与思考[R].2007-5-20.
[2] 石亚军.中国行政管理体制实证研究——问卷调查数据分析[M].北京:中国政法大学出版社,2010:313,564-565.

3. 人员队伍：控编增效与全面监管的矛盾

由于行业特点，版权保护面宽、线长、点多，执法任务相当繁重。行政执法人员，按照法律规定，必须具有相应的执法资格，这在人员管理上体现为设置相应的行政编制数。但从中央到地方，不仅是执法人员编制，包括公务员编制、事业编制都严格控制，这造成了事实上的工作力量有限。根据公开资料和实际调研，目前，国家版权局仅版权管理司实际行使版权管理职能，行政编制17人；省级版权局的人员编制多的三五人，少则两三人，地市以下基本没有专门的版权行政管理人员编制。以南京市文化综合执法总队为例，其承担全市文化、广电、新闻出版（扫黄打非）、版权、文物5个领域的行政执法工作，编制43人，总体上超过上述任何一个单独局的执法力量。但总队又分三个支队，其中一支队负责文化领域执法，二支队负责文化遗产方面执法，三支队负责广播影视、新闻出版、"扫黄打非"和版权执法。从机构设置上就可以看出，版权执法只是三支队众多职能中的一项，版权执法队伍力量的薄弱，由此可见一斑。[1]

近年来，中央反复强调减员增效、简政放权，虽然对提高行政效能、推动政府职能转变有重要意义，但在客观上，却影响了版权管理人员队伍的壮大。事实上，各方面对加大力度规范市场秩序、严厉打击侵权盗版活动的期望值都很高，版权市场监管越来越呈现全面监管、严格监管的态势。

---

[1] 国家版权局版权管理司. 版权执法监管工作总体情况[R]. 2017-5-20.

二、版权保护能力不够强

1.行政执法队伍办案能力难以应对侵权查处工作需要

目前,各级版权行政执法机构承担了大量的执法任务,在打击侵权盗版工作中作用突出。但各级版权行政管理部门现有的执法手段与办案条件相对落后,办案经费短缺,办案人员少。此外,行政执法较多采用在重点事件节点采取专项行动的方式联合、集中开展执法活动的执法模式,有"运动式"执法之嫌,而日常的执法力度相对不足。

2.社会力量支持参与版权保护作用发挥不够

作为一个社会参与面广、对社会法制基础要求高的行业,版权管理需要社会各界的广泛参与。就现实情况来看,社会各方面对版权的重视相对不足,整个社会的版权保护氛围还不够理想。在人员和机构力量上,知识产权律师数量偏少,有资质承担版权纠纷调解的社会机构较少,版权人面对版权纠纷一般选择法院,较少选择社会组织。在作用发挥上,版权社会组织在反盗版维权、自律守法、宣传教育、政策研究等方面的能力和影响相对较弱,主动融入版权保护工作大局的手段和方式不多,即使是每年的版权宣传周,也主要由政府发起组织。在社会影响上,版权人和相关企业、版权社会组织发起的版权保护公益行动不多,产生的社会示范效应不突出,同时,针对一般公众尊重版权、保护版权的宣传教育不够。

3.遏制版权侵权活动力度有待加强

在严厉打击侵权盗版的形势下,就整体而言,我国的版权侵权活动依然呈现高发态势。根据有关材料,在经济影响方面,网络文学每年盗版市场规模高达50亿元,而同期正版市场规模仅为1亿多;①影视盗版带来的损失更大,一部热播影片因盗版而产生的损失超过2亿元。② 而根据国家知识产权局发布的《中国知识产权保护状况白皮书》③相关资料,在案件审理方面,近年来版权案件"持续大幅增长,始终占有知识产权案件总数的一半有余"④——这些虽然体现了版权保护的成效,但也表明执法形势依然严峻。特别要提及的是,一些新媒体机构利用我国版权法制不健全、网络侵权法律界定难的不足,"钻空子""打擦边球",以链接、整合等方式,无偿利用广大权利人作品开展营利性活动,版权作品权利人虽强烈抗议,却难以改变现状。

三、部门协同支持不够有力

1.政策配套协调不够

版权管理与文化等相关产业的管理有较大的关联性,甚至在一些领域重合。因此,一方面,版权相关制度政策的落实需要有关部门和地区制定相应的配套政策,另一方面,版权制度的制定和执行,也需要与相关产业部门进行协调沟通,特别是文化行政管理部门。当前,由于行业系统分工以及部门利益的限制,一些版权管理政策难以真正落地,甚至存在不同部门间的政策矛盾。比如在打击侵权盗版问题上,

---

① 金朝力.网络文学正版市场规模仅为盗版1/50[EB/OL].(2009-12-18)[2016-12-12].http://www.ce.cn/cysc/tech/07hlw/guonei/200912/18/t20091218_19947049.shtml.
② 王文,于冬:《湄公河行动》因盗版损失3亿至5亿票房[EB/OL].(2016-12-5)[2016-12-12].http://cq.people.com.cn/GB/365409/c29422063.html.
③ 参见国家知识产权局官网:http://www.sipo.gov.cn/gk/。
④ 张先明.中国法院知识产权司法保护状况(2011年)[EB/OL].(2012-4-19)[2016-12-12].http://www.chinacourt.org/article/detail/2012/04/id/478917.shtml.

由于我国地区差异较大,一些地区缺少具体的实施细则,执法监管不到位。再比如卡拉 OK 版权收费问题,2007 年前后,版权行政管理部门和文化行政管理部门分别推出两套不同的收费标准,产生政策冲突,"国家版权局公告规定卡拉 OK 经营行业以经营场所的包房为单位,支付版权使用费。而文化部以享有对文化内容的监管职权为由,推出了'全国卡拉 OK 内容管理服务系统',对所有卡拉 OK 经营场所以及其他单位实行免费接入、免费服务,实际收费以卡拉 OK 产品点播数量为依据"①。

2.部门协同力度不够

"各部门之间是相互联系的统一整体,而不是彼此孤立的,是动态的互相配合、协调运转的,而不是静止的、相互分割的。政府部门间的协调贯彻在整个运行过程中。从一定意义上讲,分工协调做得越好,行政效率就越高。相反,协调机制不健全,互相掣肘,扯皮推诿,就必然导致工作效率低下。"②就版权管理而言,其社会化管理的特点,更需要强有力的协调机制。按照目前的管理体制,版权管理在整体上被纳入知识产权管理的宏观范畴。根据职责分工,国务院直属机构国家知识产权局(副部级)"负责组织协调全国保护知识产权工作,推动知识产权保护工作体系建设"③。为了加强协调,国务院在 2016 年批准成立"国务院知识产权战略实施工作部际联席会议制度",知识产权局、中央宣传部(国务院新闻办)等 31 个部门单位参加,由国务院分管知

---

① 程文理.论知识产权保护秩序的实现[EB/OL].(2013-7-24)[2016-12-12].http://www.fadaren.com/Fadaren/20130724105854.shtml.
② 尹光华.不断完善政府的协调机制——行政管理体制改革的重要内容[J].中国行政管理,1994(1):40-42.
③ 参见国家知识产权局官网:http://www.sipo.gov.cn/。

识产权的领导担任会议召集人,知识产权局为牵头单位。

但就实际而言,首先是这种议事协调机制本身存在一定的劣势,一方面版权管理牵涉到意识形态安全和文化安全,直接影响国家大局,由知识产权局牵头协调,规格和力量都相对较弱,并且不能体现版权管理的特殊性;另一方面,联系会议的成员单位中,不少单位的规格、级别都较高(有的是正部级单位,有的单位负责人是国家领导人),而国家知识产权局仅仅是副部级,[①]并且非国务院组成部门,其担任牵头协调工作的具体责任部门,于注重按照行政序列和层级来分配资源的社会现实而言,有一定难度。再有就是从我国行政管理协调机制总体情况来看,知识产权保护的议事协调机制并不是效率最高的一种方式。目前,我国行政管理协调机制主要包括:法定部门协作,中央层面是国务院办公厅、国务院法制办公室,[②]地方则是各级政府的办公室、秘书长;通过共同的上级协调;通过领导小组等协调机构协调;通过牵头单位协调;通过部门工作人员之间的私人关系协调。就实际效果而言,通过共同的上级领导协调、通过领导小组等协调机构协调、通过牵头单位协调是三种最优的方式(参见表5-4[③]),而知识产权议事协调机制看似综合了三者的形式特点,实际上主要是一种牵头单位协调的方式——联席会议的成员单位有的并不在行政管理序列,会议的召集人是会议的组织者而非协调事项的领导者。

---

① 2018年《深化党和国家机构改革方案》实施后,国家知识产权局成为国家市场监督管理总局管理的国家局,其政治地位与改革之前相比有所弱化。
② 2018年《深化党和国家机构改革方案》实施后,国务院法制办公室不再保留,其职责并入司法部。
③ 石亚军.中国行政管理体制实证研究——问卷调查数据分析[M].北京:中国政法大学出版社,2010:313.

表 5-4 地方政府部门间协调合作方式的分类分析

序号	选项	选择计数	百分比%	影响力
1	通过共同的上级领导协调	1 808	70.9	第一梯队
2	通过领导小组等协调机构协调	1 702	66.7	
3	通过牵头单位协调	1 676	65.7	
4	部门之间直接协调	1 287	50.5	第二梯队
5	法定部门协作机制	1 203	47.2	
6	通过部门工作人员之间的私人关系协调	583	22.9	第三梯队
7	其他	18	0.7	暂不考虑
	参选人数总计	2 550	100.0	

第六章
差异成因——版权管理体制现实问题的根源分析

当制度的自发演进难以满足社会对有效制度的需求时,制度的设计就变得十分必要。① 但制度设计的方向在哪里? 除了遵循制度设计的一般原则,很重要的就是在确定问题的前提下,通过问题导向,在深刻分析成因,特别是根本原因的基础上,提出有针对性的设计方案。在管理学上,这被称为"根本原因分析法"(Root Cause Analysis,简称 RCA)。②

按照马克思唯物主义哲学的有关理论,事物运动发展是内因外因相互作用的结果。而对于事物自身存在的问题,也主要是从外在和内在两个方面分析。鉴于中国版权管理体制问题的多样性,且问题之间彼此关联,从属于管理体制这个宏观整体,我们将问题作为管理体制存在、发展的一个方面,从与之相关的宏观环境和体制自身进行整体分析。在具体的分析工具上,对宏观环境,采用企业战略管理上分析企业外部环境的"PEST 分析法",即分析政治法律环境(Political Factors),包括社会政治体制,执政党的性质,政府的方针、政策、法令等;

---

① 刘凤芹.新制度经济学[M].北京:中国人民大学出版社,2015:261.
② 盛文佳.根本原因分析实践研究[J].中国卫生质量管理,2011(1):20-22.

经济环境(Economic Factors)，包括经济发展状况、产业基础、市场状况、消费者偏好等；社会文化环境(Sociocultural Factors)，包括居民教育程度和文化水平、风俗习惯、价值观念，社会力量的分布等；技术环境(Technological Factors)，包括整体科技发展状况、相关技术应用情况等。[①] 对体制自身，关注版权的内在特点、版权管理体制的建设发展、历史沿革。

第一节 宏观环境分析

一、政治因素

1.法治思维和经验相对不足

一是法治理念不够深入，从深层次上制约版权依法管理进程。与西方资本主义国家相比，中华人民共和国的法治治理进程开启时间相对较晚，比如依法治国方略的提出是在1997年中国共产党的"十五大"上，2014年中国共产党的十八届四中全会首次专题讨论依法治国问题。而从政府到民间，法治的理念和思维都相对不足，尤其涉及版权这样一种典型的规范私权关系、保护私人利益的私法领域。这就从主观上制约了版权制度完善和版权保护强化的进程。一个实例是在机构设置方面，"地方知识产权局和版权局系统的机构设置往往不是靠制度来保证，而是靠地方领导重视"[②]。

---

① 姚望.基于SWOT-PEST分析范式的中国"走出去"战略环境研究[J].经济论坛,2006(22):54-58.
② 吴汉东.中国知识产权蓝皮书(2007—2008)[M].北京:北京大学出版社,2009:68.

二是法制体系有待完善,影响版权法制建设。在部门力量对比方面,以立法、司法、行政三权并立作为参照,法定权力的均衡、法律贯彻执行的有效监督等都还不到位,在一定程度上导致立法水平与执法水平的不一致,这在版权管理领域也有体现。在立法技术层面,由于国情复杂,法律制度往往强调宏观性、指导性,虽然为实际操作留下了自由裁量的空间,但是也带来了操作性不强、权威性不够的问题。实践中,常以法律效力相对较低的行政法规、部门规章来解决具体操作问题,这一方面导致执法效力打折扣,另一方面也会留下部门利益法制化的隐患。此外,按照目前的立法程序,一些法律法规由行业主管部门来起草,而不是由全国人大等立法机构来起草。行业部门协调与统一平衡各方利益的能力有限、立法水平有限,在一定程度上影响立法进程、立法质量。

2.部门管理、行政管理在治理体系中的比重较大

一是部门管理历史影响大、行业管理细分,不利于构建统一顺畅的版权管理体制。"传统上,我国对行业的管理采取'部门管理',政府部门作为国家行政机构集政府行政职能、行业管理职能和国有资产管理职能于一身。"[1]目前在一些经济领域,部门管理仍然是重要乃至主要的行业管理方式,比如文化传媒领域,行政管理部门具有管人、管事、管资产、管导向的职能。并且行业管理部门细分,若比照《国民经济行业分类(GB/T 4754-2011)》中的标准,许多部门管理的归类是按照行业大类(共96种)而不是行业门类(20种)来设置的。

---

[1] 朱四海.转型期政府行业管理模式的选择[J].龙岩师专学院学报,2003(5):11-14.

表 6-1　文化、体育和娱乐业行业分类①

门类	R. 文化、体育和娱乐业				
大类	85.新闻和出版	86.广播、电视、电影和影视录音制作	87.文化艺术	88.体育	89.娱乐
中类	851.新闻业	861.广播	871.文艺创作与表演	881.体育组织	891.室内娱乐活动
	852.出版业	862.电视	872.艺术表演场馆	882.体育场馆	892.游乐园
		863.电影和影视节目制作 ……	873.图书馆与档案馆 ……	883.体育健身活动 ……	893.彩票活动 ……
小类	8521.图书出版 8522.期刊出版 ……		8731.图书馆 8732.档案馆 ……		8911.歌舞厅娱乐活动 8912.电子游艺厅娱乐活动

原本按照经济活动属性整合的产业，若其管理主体多元且均有一定的影响力，则不利于形成统一协调、运行顺畅的管理。比如版权相关产业，有多个管理部门参与其中。尽管版权管理，是现代社会适应市场经济发展需要而构建的宏观管理体系，但版权管理限于版权具体事务而较少涉及行业政策的现状，行业部门管理惯性强大、作用重大的现实，很难在宏观上使版权制度调节作者、传播者和公众的利益平衡宗旨真正落实。因为行业部门管理在很大程度上成为版权的"娘家"，而这个"娘家"的议价能力、博弈能力，在目前的体制机制格局中，要强于版权行政管理部门的力量。

----

① 该分类采用《国民经济行业分类(GB/T 4754－2011)》，参考中国国家统计局网站资料：http://www.stats.gov.cn/。

二是行政管理在行业管理中的作用过强,对从版权角度出发管理版权产业有消极影响。同为市场经济,西方国家在行业管理上,政府"不包揽行业管理的全部职能,只集中搞好决策性职能的履行,而把非决策的大量行业管理事务交由行业协会和其他民间组织承担",并且,"不是按行业设置专门的部门来管理,而是由综合的经济部门来承担这项职能"。① 我国不仅通过细分的行业部门来管理行业,而且赋予这些部门较大的职责权限,比如行业规划、产业政策制定、企业和产品管理、市场监管等,特别是对企业生产制作相关产品的审批权限,对企业和市场存在强有力的影响。在新闻出版、广播影视领域,相关行政管理部门不仅对出版、广播、影视等生产单位的设立有行政审批权,同时对这些单位生产、制作和流通新闻出版广播影视作品的具体环节还有审批权限(参见表 6-2、6-3②)。这相当于相关行政管理部门不仅管理传播机构,还决定作品在具体流通环节的生死。毫无疑问,这种行业管理对作者经济利益的获得,具有决定性作用。对于版权管理而言,相对宏观的版权行政管理部门、相对弱势的行业协会以及以权利保障为重点的司法管理部门,其对版权产业的作用就不如细分化的行业管理部门更为直接、有力。

---

① 《社会主义市场经济体制下的行业管理》课题组.市场经济发达国家的行业组织和政府的行业管理[J].国家行政学院学报,2002(6):87-92.
② 详见国家新闻出版广电总局官网:http://www.sapprft.gov.cn/.(2018 年 3 月后为国家广播电视总局官网)。

表 6-2 国家新闻出版广电总局负责的广播影视类审批事项

序号	审批事项名称
1	27021—国产电视剧片审查
2	27023—跨省、自治区、直辖市的电影发行单位设立、变更业务范围或者兼并、合并、分立审批
3	27024—中外合作摄制电影片审批
4	27025—举办中外电影展、国际电影节审批
5	27026—电影剧本(不含一般题材)备案核准和电影片审查
6	27027—引进用于广播电台、电视台播放的境外电影、电视剧及其他广播电视节目审批
7	27028—广播电台、电视台以卫星等传输方式进口、转播境外广播电视节目审批
8	27029—影视节目制作机构与外方合作制作电视剧审批
9	27030—卫星电视广播地面接收设施进口证明核发
10	27031—境外广播电影电视机构在华设立办事机构审批
11	27032—境外卫星电视频道落地审批
12	27033—举办国际性广播电视节目交流、交易活动审批
13	27034—广播电视专用频段频率使用许可证(甲类)核发
14	27035—无线广播电视发射设备(不含小功率无线广播电视发射设备)订购证明核发
15	27036—广播电视设施迁建审批
16	27037—广播电视设备器材入网认定
17	27038—广播电视播音员、主持人资格认定
18	27039—广播电视节目制作经营单位设立审批
19	27040—设立电视剧制作单位审批
20	27041—广播电台、电视台设立、终止审批
21	27042—广播电台、电视台变更台名、台标、节目设置范围或节目套数审批
22	27043—付费频道开办、终止和节目设置调整及播出区域、呼号、标识识别号审批
23	27044—广播电视视频点播业务审批
24	27045—网上传播视听节目许可证核发

续表

序号	审批事项名称
25	27046—跨省经营广播电视节目传送业务审批
26	27047—卫星电视广播地面接收设施安装许可审批
27	27052—境外人员及机构参加广播影视节目制作审批

表6-3 国家新闻出版广电总局负责的网络出版服务类审批事项

序号	事项名称
1	GAPP04 设立网络出版服务单位审批
2	移动游戏作品审批
3	GAPP10A 网络出版服务机构变更名称审批
4	GAPP10B 网络出版服务机构变更业务范围审批
5	GAPP10C 网络出版服务机构变更主办者审批
6	GAPP33B 出版境外著作权人授权的互联网游戏作品审批
7	出版国产网络游戏作品审批
8	出版境外著作权人授权的电子游戏出版物审批

二、经济因素

1.市场经济发展还不够完善

一是市场经济发展程度有待深化,给版权管理体制构建和完善带来不利影响。"知识经济从一定意义上讲是市场经济发展的必然结果,市场经济是法治经济,知识产权法律制度是市场经济法律体制中的主要组成部分。"[①]虽然我国社会主义市场经济建设取得了巨大成

---

① 吴汉东.中国知识产权蓝皮书(2007—2008)[M].北京:北京大学出版社,2009:68.

就,但"按照国际公认的标准来测定,目前我国市场经济程度约为69%","是发展中的市场经济国家",①在自由竞争、市场秩序、法制环境等方面还存在一些现实问题,制约了版权管理体制这样以法制为基础的行业管理体制的发展。

二是经济发展对创新的依赖程度还不够高,影响了版权管理社会地位的提高。"近些年我国的创新能力虽然有所提高,但还难以支撑产业结构的转型升级,我们多年来强调的增长动力的转换,用'青黄不接'这一成语形容并不为过"②,这种状况又加剧了企业对创新的依赖性不强的现实。事实上,不论是对宏观经济发展而言,还是对地方政府以及企业而言,依靠创新、重视创新都未必是首选项,特别是在发展区域经济或行业经济过程中,往往都倾向于路径依靠或者采用更有时效的投资收益方式。

2.地区经济发展不平衡

我国地区经济发展水平差异大,许多管理工作的执行落实也存在着地区差异。对地方政府而言,"上面千条线,下面一根针",相对有限的事权和财权决定了其在具体的履职行权过程中必然有所选择。根据学者对中国行政管理体制的实证研究,地方政府存在的事权与财权不均等问题是较为突出的现实问题(参见表6-4)。③ 与此相关的是,面对各个领域的管理和发展任务,地方政府就会面临优先排序问题,而

---

① 刘韬.中国是发展中的市场经济国家[N].人民日报,2003-4-14(2).
② 杨良敏.新常态下经济发展需改革创新注入新动力[EB/OL].(2015-1-29)[2016-12-12].http://news.xinhuanet.com/politics/2015-01/29/c_127437207.htm.
③ 石亚军.中国行政管理体制实证研究——问卷调查数据分析[M].北京:中国政法大学出版社,2010:405.

招商引资是放在首位的工作(参见表6-5)。① 并且这种排序还因地域经济发展不平衡而呈现出差异。

表6-4 政府间事权和财权配置问题的位次排列

项目	百分比(%)	位序
事权和财权不匹配	67.5	1
县与乡镇两级政府财力严重不足	67.0	2
财权高度集中于中央和省级政府	44.5	3
财权划分不清晰	41.9	4
地方政府财政自主权利过小	39.2	5
其他	2.3	6

表6-5 不同地区对政府精力投放所在选择率位序

项目	东部	中部	西部	东北
宏观调控	2	2	2	2
市场监管	7	6	7	7
招商引资	1	1	1	1
社会管理	5	5	5	5
公共服务	3	3	3	3
维护稳定	4	4	4	4
其他	6	7	6	6

具体到版权管理等方面,一般来说,经济发达的地区,重视知识产权制度和保护,在制度构建、机构设置、执法监管等方面都相对主动和规范。还有一些地区,由于经济发展水平相对落后,版权相关产业发展水平不高,一方面,版权执法部门对版权侵权的边界、危害性的认识

---

① 石亚军.中国行政管理体制实证研究——问卷调查数据分析[M].北京:中国政法大学出版社,2010:19-20.

存在一定的模糊,另一方面,个别政府领导对盗版等侵害知识产权的行为视而不见,甚至错误地认为"对当地经济有利,在一定程度上可以促进出版物市场的繁荣,个体盗版经营者给当地政府还可交纳一定的税收"①。这给版权管理,尤其是信息化时代跨区域的版权管理,带来了一定困难。

三、社会文化因素

1.版权管理的社会思想根基和文化氛围不够深厚

一是知识产权文化先天缺乏,导致社会思想基础根基不深厚。美国著名法哲学家和法律史学家伯尔曼指出,"确保遵从规则的因素如信任、公正、可靠性的归属感,远比强制力更为重要"②。可以说,知识产权文化的状况对知识产权管理具有强有力的影响。虽然以知识产权专家郑成思教授为代表的不少中国学者提出中国历史上版权制度构建的实践,③但是就文化传统和社会实际情况来看,中国历来鲜有关于知识产权保护的思想观念和实际行动。传统的对知识的推崇实际上与封建社会的文化垄断、思想控制以及由此产生的知识、书籍的现实功用("经世致用")相连,"偷书不算偷"的认识大行其道。因此,美国学者安守廉指出,"帝制中国并不曾发展出相当于知识产权法的有效的本土制度",缺乏知识产权文化。④ 而中国知识产权文化的产生,

---

① 明星朗.对地市版权管理问题的分析与思考[J].出版发行研究,2003(12):62-70.
② 王雷.依法治国"升级"还要"升温"[EB/OL].(2014-10-23)[2016-12-20].http://opinion.people.com.cn/n/2014/1023/c1003-25894710.html.
③ 郑成思.版权法[M].北京:中国人民大学出版社,2009:10-25.
④ 安守廉.窃书为雅罪:中华文化中的知识产权法[M].李琛,译.北京:法律出版社,2010:3.

则是从近代以后中国知识产权制度的出现开始的,前后不过百年的时间。这无疑是一个相对短暂的历史时期,尤其对社会观念这样一种需长期积淀培养的集体意识而言。所以,全国人大常委会原副委员长许嘉璐曾说:"我见证了 20 年来中国知识产权立法的全过程,在法律体系建设方面,中国用 20 年的时间追上了西方社会至少 100 年的步伐,但是人们观念的转变却要慢得多。"①

二是当下社会各方面对版权的认识理解有限,对构建科学的版权管理体制不利。虽然版权研究与实践、版权宣传教育深入推进,版权的概念逐渐得到认知接受,但是对于版权的基本概念、基本原则、基本属性,特别是版权制度的平衡机制、使用机制、版权与文化的关系等,社会各界认识都还不够。另外,"社会各界对知识产权的认识往往停留在意识形态上,身体力行的成效并不显著"②。据有关调查,许多版权企业的版权保护意识不强,"设置专门知识产权部门、安排专职处理知识产权事务的企业是非常少的,企业版权保护基本无'战略'"③,有些行业,比如广电行业,对版权侵权现象存在集体轻视的情况。④ 而在读者层面,主动保护版权、抵制侵权盗版的意识和行动并不够,特别是面对免费阅读使用的诱惑,免疫力不强,付费阅读、有偿使用版权作品的消费习惯和价值观念尚显薄弱。⑤ 这些都给营造良好的版权保护环境带来了不利影响。

---

① 阎晓宏.版权:满足文化需求也带来社会财富[N].中国新闻出版报,2007-10-25(9).
② 吴汉东.中国知识产权蓝皮书(2007—2008)[M].北京:北京大学出版社,2009:68.
③ 刘大年.我国海外版权保护问题及路径选择[J].现代出版,2010(6):100.
④ 《新闻作品版权侵权与防范》课题组.我国新闻作品版权保护的现状、问题及对策[J].传媒,2016(10):16-22.
⑤ 段海凤.我国数字版权有偿使用制度的构建障碍及对策探讨[J].中国出版,2013(9):22-25.

2.社交媒体泛化对版权管理产生强烈冲击

信息时代的一大特点是社交媒体的崛起。这些媒体虽然旨在搭建人们用来创作、分享、交流意见、观点及经验的虚拟社区和网络平台,但由于其建立在移动互联信息技术基础上,以信息传播带动感情交流,再加上集聚人数的广泛性,实际上已经具备了媒体的全部特点。但问题在于,在这些媒体上进行的作品阅读活动——"社交化阅读"模式是否符合版权保护的有关原则?社交媒体大量使用未经许可的版权作品,按照版权法律规定,应属于侵权范畴,但是由于其发生在监管难度较大的新媒体场域之下,用户数量庞大——仅微信和WeChat合并月活跃用户数就达8.06亿[1],致使难以进行侵权主体查证,版权保护难以落实。根据腾讯公司2017年发布的《腾讯知识产权保护白皮书》,从2015年1月至2016年12月,微信产品共受理侵权投诉近20万件,用户投诉的知识产权侵权以著作权侵权和商标权侵权居多。[2]

此外,从现实逻辑上看,这种社交阅读的泛化,"令数字作品传播刻上了深厚的主体情感烙印而非契约精神,人们为获得一种阅读的共鸣或兴趣的交集,对原作的截取、加注、共享或转载兴致盎然却鲜少考虑其源头"[3],更进一步加剧公众版权保护意识淡漠的状况。并且,社交媒体的开放性,也使用户原创作品的版权保护成为难题,甚至涉及个人隐私问题。

---

[1] 微信月活跃用户数量破8亿 2016年腾讯每天收入3亿[EB/OL]. (2016-8-18)[2016-12-30]. http://mt.sohu.com/20160818/n464827976.shtml.
[2] 卢梦君.微信两年受理侵权投诉近20万件,著作权侵权多集中在公号[EB/OL]. (2017-4-15)[2017-5-20]. http://www.thepaper.cn/newsDetail_forward_1663124.
[3] 王莉.自媒体时代"社交化阅读"的版权保护[J].新闻知识,2015(11):11-13.

四、科技因素

1.信息传播技术对版权管理的不利影响

一是信息传播技术与工具的发展,给版权保护带来的客观困难。传统条件下,版权内容的复制方式是纸质印刷、电子录制,版权作品通过市场流通方式传播,读者通过肉眼或者专用设备阅读接触——这与一般工业产品的生产消费流程相似。但随着以计算机和通信技术为代表的现代信息传播技术的迅猛发展,版权产业的呈现形式、载体类型和传播渠道得到极大的改变。版权作品内容以数字化形式呈现,具有互动化、海量化、易复制等特点;版权作品的传播以移动网络方式进行,及时迅捷;版权作品通过手机等移动终端屏幕被接受,终端数量巨大,同时往往具有二次传播能力。尽管传播机构采取了种种技术措施,"限制使用者进行合法复制、限制用户对作品的合理使用"[1],以避免侵权盗版,然而不论是从现实还是从理论上,目前,信息传播技术大大降低了侵权盗版的技术门槛、经济成本,给版权保护带来了实际难度,而且,侵权盗版分子跨地域、易逃匿,证据易灭失,版权执法工作难度相当大。此外,由于数字媒体工具的普及,大量普通受众无意识地传播未经授权的版权作品,也是信息化时代版权保护的难题之一。

二是信息传播技术改变盗版赢利模式,影响公众版权保护意识的养成。过去,版权产品既有版权内容价值也有介质材料价值,尤其是图书、期刊等纸质版权信息产品,其介质成本占比还相当高。消费者

---

[1] 朱理.著作权的边界——信息社会著作权的限制与例外研究[M].北京:北京大学出版社.2001:3.

购买版权产品,是实物形态的价值交换。侵权盗版活动主要是非法机构组织化地生产盗版制品——盗版的图书、音像制品以及影院偷卖拷贝等,而消费者购买盗版制品则往往用低于正版产品的价格——这也是盗版制品存在市场的主要原因。但是在信息化技术条件下,大量盗版制品通过非法网站、手机 APP 等网络平台实现,公众通过点击的方式免费使用。这种情况下,盗版制品的价格对公众来说不存在,盗版的赢利来自于公众点击平台而产生的广告投放。毫无疑问,"免费大餐"带来的诱惑加深了公众无偿使用版权作品的心理和习惯。

2. 人工智能等技术对传统版权管理概念的冲击

一般而言,版权管理是指在法律法规范围内保护作者及其作品的相关权利。不过,随着语言识别、图像识别、自然语言处理等人工智能技术的发展,传统的以自然人为指向的"作者"概念正在变化。比如在新闻写作领域,机器新闻写作被称为新闻界"一场正在发生的革命"[①]。美国早在 20 世纪 50 年代就开始在地震警报、财经分析、体育赛事、企业业绩报告等方面使用机器人,而我国,目前,"新闻写作机器人主要应用于财经报道和体育报道领域,在未来几年,新闻写作机器人将被国内各大新闻媒体机构普遍应用"[②]。另外,在影视剧编剧方面,也有人工智能参与甚至发挥主力角色的情况,比如使用"自动写作软件"等。对于这些有人工智能参与的版权作品,其作品权利如何确定和保护?如果机器写作中涉嫌侵权,又如何界定和惩处?这些在现有法律法规内难以界定,无疑给版权管理提供了新课题。

---

① 金兼斌. 机器新闻写作:一场正在发生的革命[J]. 新闻与写作,2014(9):30-35.
② 白龙. 新闻写作机器人在美国新闻业的应用[J]. 青年记者,2016(5):99-100.

第二节　内在主体分析

一、版权自身因素

1.版权的私权属性

包括版权在内的知识产权归于民事权利,"反映和调整的社会关系是平等主体的公民、法人之间的财产关系"。作为一种私权,其保障首先以立法手段加以确认。① 这就说明,版权相关权利不是自然产生的,也不是人类社会生活的必需品,而是进入现代社会以后,知识经济发展和社会文明提高的产物。其概念、范畴都始终在变化当中,需要相应的法律制度不断地调整完善,也需要社会公众逐渐认识和接受。同时也说明,以立法保障为基础的私权,除了法律手段,其权利的实现没有更强有力的保障机制,因此,版权的诸多权利成为有意无意的"受害者",并且难以得到完善的保护。

2.版权内涵的多元性

根据我国《著作权法》,版权作品包括文字作品、口述作品等9种文学、艺术和自然科学、社会科学、工程技术等领域的作品;版权人及其权利分为4种人身权和13种财产权。这样丰富多样的作品类型和权利类型,是知识产权领域内的其他权利类型所不能比拟的。而在具体的行业领域,"每一项版权财产权利都支撑着一个版权产业形态,例

---

① 刘春田.知识产权法[M].北京:中国人民大学出版社,2014:20.

如复制权支撑着图书音像业,摄制权支撑着影视业"①。如此多样的权利类型,涉及多个产业领域,必然在客观上给版权管理增加难度。

3.版权对象的无形性

虽然知识产权与物权、债权等一起被归列为现代财产权利的主要类型,但知识产权的一大特点是权利对象是以形式、结构、符号系统等为存在方式的知识。② 根据我国《著作权实施条例》,版权保护的作品是指文学、艺术和科学领域内具有独创性并能以某种有形形式复制的智力成果。如果从财产的角度看,版权对象主要是一种无形财产;它的价值在于其创造性,其形态是知识;对它的使用,不会产生有形的损耗;权利所有人对它的控制也是一种法定的无形控制。就财产保护而言,相比于有形财产以物质实体为构成形式、使用就会发生损耗、权利控制往往是实体占有等特点,作品相对来说易于接触、易于占有(即易于复制侵权),且不影响自身原本存在,因此版权"在知识产权各种权利中是最容易受到攻击和侵犯的"③,版权保护的难度也就更大。

4.版权历史的短期性

在人类历史上,作品的创作与传播由来已久,文化的衍生发展源远流长。但是以作品为权利对象的版权,却是随着近代社会市场经济的发展才出现的。"创作行为和印刷技术都不能直接地催生权利,因为权利乃是社会利益关系的反映,只有当作品的传播带来较大的利益、需要法律对此种利益进行协调时,才会产生相应的权利制度。"④由

---

① 柳斌杰.以版权工作的新突破推动文化大发展——在2011中国版权年会上的主题演讲[J].中国版权,2011(6):6.
② 刘春田.知识产权法[M].北京:中国人民大学出版社,2014:8.
③ 阎晓宏.版权:满足文化需求也带来社会财富[N].中国新闻出版报,2007-10-25(9).
④ 刘春田.知识产权法[M].北京:中国人民大学出版社,2014:45.

此可见,与版权相关的文化、科技作品创作和传播的历史要远远长于版权的历史,而版权的产生,是基于经济利益关系而产生民事权利,在此基础上发展出"承认创造者对其创造成果的权利,以此回报创造者为社会文化的进步所作的贡献"的基本共识,从而奠定版权制度的社会存在根基。就历史事实来看,近代版权制度在西方产生不过300多年的时间,在中国则是清朝末年。所以在与文化传播、产业发展等密切相关的经济社会事务互动过程中,社会对版权的认知和关注、运用和保护就相对较弱。

二、版权行业因素

1.产业经济基础推动力不够强劲

一是产业经济规模大而不强,多而分散。虽然版权相关产业行业增加值不断增大,GDP占比超过7%,但是版权相关产业在经济发展中的影响并不够大。集中体现是受管理体制约束,版权相关产业领域细分、涉及面广,经济活力释放不够。目前,涉及产业产品制作传播的关键权利按照法律规定被分别管理,比如出版权,"面对纸质书出版和数字出版,著作权被割裂开来分别授予,从而出现了纸质书版权授予传统出版社而数字版权授予不具备纸质图书出版资质的互联网出版机构的情况"[①]。再比如对版权相关产业发展影响重大的发行权、广播权、信息网络传播权等传媒领域的核心权利,由不同的行政管理部门依据法规分别管理。于是整个版权相关产业,甚至传媒经济,呈现为

---

① 张平.论知识产权制度的"产业政策原则"[J].北京大学学报(哲学社会科学版),2012(3):121-132.

多个具有相似产品和服务的不同行业领域,诸如出版业、影视业、演艺业等。并且,产业市场竞争不充分,流通环节完全市场化,但生产环节垄断化——出版企业、广播电视播出单位等,均为国有垄断——缺少相应的进入退出机制。产业内部的制度壁垒导致经济形态的分散化,规模经济效应不突出,难以形成一致的经济推动力和集中的制度需求。

二是产业企业经济体量有限,社会影响力不够强。就行业的社会影响力而言,其决定因素有两大方面:对国计民生的影响以及相应的贡献力,行业企业的社会服务能力。虽然这两大因素的体现指标可细分为经济贡献、社会效益、吸纳就业人数等,但在现实中,行业的经济效益,特别是企业的经济效益往往成为衡量其贡献的关键。对于版权相关产业来说,一个典型特点就是经济规模的分散性,不仅行业领域细分,而且产业集中度较低,大企业对行业的支配度不高,经济体量有限。两个可以参考的指标是文化企业30强的规模和出版传媒集团的市场占比。据统计,2016年进入第八届"文化企业30强"的企业,企业主营收入3 253亿元、净资产3 336亿元、净利润315亿元、纳税总额201亿元;①而同期中国企业500强中,排名第40位的正威国际集团公司一家企业的营收就达到3 003亿元。② 此外,在核心版权产业领域,根据政府总结报告,2015年119家出版传媒集团的主营业务收入为3 001亿元、利润总额为247.2亿元,占全行业营收总额的14.29%。③按照产业经济学产业组织结构的有关理论,版权市场属于集中度较低

---

① 湖南电广传媒、中南传媒入围"文化企业30强"[EB/OL].(2016-5-12)[2016-12-20]. http://news.163.com/16/0512/17/BMSNN4PR00014AEE.html.
② 2016年中国企业500强排行榜一览[EB/OL].(2016-8-27)[2016-12-20]. http://www.mrcjcn.com/n/159932.html.
③ 国家新闻出版广电总局.2015年新闻出版产业分析报告[R].2016-10-20.

的分散竞争型市场。① 此外,虽然版权相关产业的行业增加值绝对数量大,但"结合就业人数指标来看,中国版权产业劳动生产率在世界中处于中等水平,中国版权产业单位从业人员创造的价值并不高,仍有明显的劳动密集型产业特征"②。有关材料显示,2014 年中国版权相关产业的行业增加值为 46 287.81 亿元,占全国 GDP 的 7.28%,而城镇单位就业人数为 1 664.71 万人,占全国城镇单位就业总人数的 9.11%。③ 这些现实因素叠加,导致行业企业在整个经济社会发展以及行业市场的话语权相对有限,社会各界对版权相关产业的认识和重视程度也就有限。

2.版权相关产业与版权管理体制的相关性不够紧密

由于"版权对产业的凝聚力不强,版权产业的特征不明显"④,特别是受行业管理体制的制约,在目前与版权产业有关的上层建筑体系内,版权管理体制与产业经济基础关系相对松散、不够直接,版权相关产业对版权管理的决定作用体现不突出。而细分产业门类的经济发展产生的制度需求,更多更直接地反映到产业政策制定和管理方式改革上,比如出版产业对出版管理制度的需求,电影产业对电影管理制度的需求。这就导致版权产业的经济发展需求不能真正成为决定版权管理体制改革发展的决定性力量,形成改革动力不明晰、不直接的状况。

---

① 苏东水.产业经济学(第二版)[M].北京:高等教育出版社,2005:101-103.
② 国家版权局版权管理司.关于版权贸易背后的文化冲突与霸权主义[R].2016-10-20.
③ 中国新闻出版研究院.2014 年中国版权产业的经济贡献(报告摘要)[N].中国新闻出版广电报,2016-4-28(11).
④ 於亚萍.行政管理护卫版权产业远航[N].中国知识产权报,2008-1-18(10).

3.版权管理社会参与主体的影响有限

一是版权作者力量分散,凝聚力不够,难以产生足够强大的整体影响力。版权产业和其他产业的一个重要区别就是生产者——作者的分散性。虽然根据调查,中国版权产业的从业人员超过1 600万,[①]但事实上,这只是行业经济分类上的从业者人员统计。如果从版权作品权利人的角度看,从业人数将翻番。比如,网络文学网站起点中文网一家,注册的网络写手超过100万人。[②]但是数量众多的版权作者并没有共同的利益凝聚点,而且职业化的作者队伍群体差异大,利益诉求不尽相同,因此作者作为一个整体向社会公众发声、保护版权利益的愿望就不够强烈。

二是版权行业组织相对弱小,社会动员能力不足。由于版权产业的管理布局、经济布局目前主要是按照产品类型划分,部门管理的力量和影响要强于版权行业管理,加之历史传统因素,部门化、细分领域的行业组织对版权产业的企业和个人的号召力、凝聚力更大,参与社会活动、促进产业发展的作用更直接、更有实效。比如出版行业,中国版权协会与中国出版协会相比,虽然在对出版行业的服务引导上作用各有侧重,但实际影响和管理能力,后者相对更为有力。这无疑制约了版权社会管理的培育发展。

[①] 中国新闻出版研究院.2014年中国版权产业的经济贡献(报告摘要)[N].中国新闻出版广电报,2016-4-28(11).
[②] 王鹏.网络小说改变读者阅读习惯 成功写手年薪超百万[EB/OL].(2010-7-26)[2016-12-26].http://news.youth.cn/cmgc/201007/t20100726_1297009_1.htm.

三、版权管理体制因素

1.版权管理的基础积累相对薄弱

一是外来引进的历史原因,对版权管理体制的改革完善存在不利影响。不管是清末民初的版权制度初建,还是中国改革开放后迅速建立版权制度体系,总体来看,"中国知识产权制度的百年史,是一个从'逼我所用'到'为我所用'的法律变迁史,也是一个从被动移植到主动创制的政策发展史"。特别是2000年前后十多年间,"实现了从低水平到高水平的过渡,完成了从本土标准到国际标准的转变,其重要动因是国际社会的压力"。① 这种被动性带来的直接影响是版权管理改革的自主性差,往往根据一时的需要就版权制度的某些方面进行修改完善,而缺乏宏观的顶层设计和长远的目标规划,致使整个版权管理体制容易受制于国际压力。从新制度经济学的角度看,这种受国际压力变革制度体系的现象容易使制度变革形成一定的路径依赖,时间越长,依赖性也就越大,变革的成本也就越高。②

二是制度建设时间短,历史积淀相对不足。虽然中国的版权制度建设历史有上百年的时间,但是真正全面建立现代版权制度体系,还是在改革开放以后。版权管理体制作为一种以法制为根基的行业管理体制,立足于中国特色社会主义法制体系,虽然有版权管理的相关经验可以参考借鉴,但在凸显中国特色、立足自身实际上,确有开创性的难度。因此,在对中国版权保护水平高低的论证上,许多专家都提

---

① 吴汉东.中国知识产权法制建设的评价与反思[J].中国法学,2009(1):51-69.
② 刘大年.我国海外版权保护问题及路径选择[J].现代出版,2010(6):100.

出,"在中国不能用超现实、超阶段的眼光看待版权保护","也不能用自然主义的态度对待版权保护,任其自然"。①

2.版权管理从部门管理发展的历史惯性大

在产业经济发展形态上,版权早期发轫于图书出版领域,版权的许多权利多与文字作品相关。中华人民共和国成立后,版权管理初期的主要问题是稿酬的发放,在产品形态上主要针对图书,行业领域主要针对出版业。所以,版权制度的建立、版权管理机制的建设,都是以出版领域为根基的。新中国第一部《著作权法》的起草制定,担纲主力多来自出版行政管理部门和出版行业;国家版权行政管理机构的设立,也依托于出版行政管理机构。② 这种管理根据从起始到现代,历史惯性极大。思维理念、制度构建、人员队伍、工作方式等,版权管理都与出版管理关系紧密。虽然早期有行业管理和经济发展的需要,但是随着版权管理内涵和范围、任务和对象的变化,其弊端愈加凸显。比如版权管理的独立价值和内在特性始终难以得到社会各界更全面深入的认识,版权管理独立于出版管理、面向整个版权领域发挥职能的作用受到制约,版权管理作为一种法制化的行业管理手段难以得到更高层面的战略审视。

3.版权管理议事权重和政治资源投入相对有限

一是版权管理在治理体系顶层设计中缺位,不利于其作用的发挥。版权管理从产业领域上来看主要体现在文化行业,但是在文化管理体系中,党务宣传部门居于顶层设计的核心,发挥决策和主导作用,

---

① 阎晓宏.版权:满足文化需求也带来社会财富[N].中国新闻出版报,2007-10-25(9).
② 李明山,常青.中国当代版权史[M].北京:知识产权出版社,2007:170-174.

强调意识形态安全,对行业管理传统上以行政管理、政治引导为重要手段,较少使用版权管理等法制化、市场化方式。具有代表性的是中国共产党的十七届六中全会通过的《关于深化文化体制改革的决定》,全文提到"版权"一词仅两处,而且对版权的定位,是将其作为与产权、技术、信息同列的市场要素。① 版权管理从权利类型上看属于知识产权管理,知识产权管理目前处于分散管理状态——即使知识产权强国作为一种国家战略,知识产权管理的统筹协调只是通过部际联席会议形式进行,并未在中央层面设立一个类似于中央网络安全和信息化委员会、中央宣传思想工作领导小组的高层次决策机构。虽然在2016年12月中央全面深化改革领导小组第三十次会议上,《关于开展知识产权综合管理改革试点总体方案》审议通过,显示了最高层面推进包括版权在内的知识产权管理体制改革的战略意图,但是,就目前公布的信息来看,该方案的重点之一——"打通知识产权创造、运用、保护、管理、服务全链条,建立高效的知识产权综合管理体制",仍限于具体事务的工作方案,顶层设计和统筹规划的分量仍然不足。

二是国家在版权管理方面投入的政治资源有限,不利于版权管理力量的发展壮大。强势的行政管理部门是行业经济社会地位的体现,也是该部门在行业管理中作用发挥的关键。一直以来,国家对版权行政管理、版权司法管理的资源投入都相对有限。国家版权局一直与新闻出版行政管理部门合二为一,"一个机构,两块牌子",具有较强的依附性,其组织机构、人员队伍都受到新闻出版行政管理改革的影响。而到省级及以下,由于新闻出版、版权、广播影视、文化等领域的经济门类相近,在行政资源配置方面,属于政府组成

---

① 原文为"加快培育产权、版权、技术、信息等要素市场"。

部门的文化行政管理部门就相对强势,享有更大的资源配置权。这就导致版权管理部门在基层往往被纳入文化行政管理部门。在司法管理方面,知识产权司法资源一直相对不足,分散在民商、刑事、行政等领域,知识产权民事、行政、刑事案件审判"三审合一",专门的知识产权法院的建立相对较晚。

第七章
改革导向——版权管理体制改革的目标、理念与关系

在新制度经济学理论看来,制度的变迁演进,其动力既可能是来自政府主导的主动制度供给,也可能是来自市场个体或组织倡导的制度演化完善。[①] 我们探讨的版权管理体制改革,是从国家层面主动调整生产关系以适应和推进生产力的一种强制性的制度变迁过程。这种变迁以国家制度供给为主要形式,其立足点往往侧重两个方面:一个是问题导向,着重对制度建设发展过程中的问题与不足进行修改完善;一个是目标约束,将现有制度体系与既定目标比对,按照目标设定的方向对制度进行调整构建。按照这一思路,根据前文对我国版权管理体制的现实状况分析,特别是对问题与原因的分析,基于国家确定的宏观战略规划,我们提出未来推进版权管理体制改革的基本目标、基本理念和应处理好的基本工作关系。

第一节 基本目标

任何改革都是朝着既定方向的自我革新、自我完善的连续行为和

---

① 刘凤芹.新制度经济学[M].北京:中国人民大学出版社,2015:74-76.

持续过程。作为中国特色社会主义体制的有机组成部分,版权管理体制改革必须在全面深化改革的宏观布局之下,服从中央确定的经济社会发展的战略目标,落实中央确定的有关政策文件和决策部署。但同时,也要根据版权相关产业发展的实际情况和制度建设、社会管理的规律特点,立足自身实际拓展创新。目前,版权管理体制改革的基本目标,就是国家基于宏观形势和行业中观实际确定的知识产权强国战略,其体现了上层建筑自我调整、主动适应经济基础的能动性。

这一目标的制度依据主要体现在《国务院关于印发国家知识产权战略纲要的通知》(国发〔2008〕18号)、《国务院关于新形势下加快知识产权强国建设的若干意见》(国发〔2015〕71号)、《国务院关于印发"十三五"国家知识产权保护和运用规划的通知》(国发〔2016〕86号)以及《关于印发〈版权工作"十三五"规划〉的通知》(国版函〔2017〕5号)等国家政策文件。但上述文件对知识产权强国的内涵界定,均为概念性笼统描述。相比较而言,稍显详细的是"国发〔2015〕71号"文件确定的总体目标,对2020年前建设知识产权强国的阶段性任务作出了规定。国家知识产权局将此阐述为"取得一个突破、完成四项任务、实现一个目标",即到2020年,改革取得决定性成果,特别是要在管理体制机制上取得突破,进一步完善知识产权授权确权和执法保护两大核心体系;在改革的基础上,完成四项任务:知识产权创造、运用、保护、管理和服务能力大幅提升,创新创业环境进一步优化,逐步形成产业参与国际竞争的知识产权新优势,建成一批知识产权强省强市,体现了能力高、环境好、产业优、区域强的任务导向;实现一个目标,即知识产权大国地位得到全方位巩固,为建成中国特色、世界水平的知识产权强国奠定坚实基础。①"一个突破、四项任务、一个目标"是2020年以前版权事业发展的战略目标,也是版权管理体制改革的战略方向。

另外,值得关注的是,在"国发〔2015〕71号"中对"推进知识产权管理体制机制改革"这个重点任务作了具体阐述,主要包括四个方面:研究完善知识产权管理体制,改善知识产权服务业及社会组织管理,建立重大经济活动知识产权评议制度,建立以知识产权为重要内容的创新驱动发展评价制度。这四个方面的内容在《国务院办公厅印发〈国务院关于新形势下加快知识产权强国建设的若干意见〉重点任务分工方案的通知》(国办函〔2016〕66号)中被分解为13项具体任务。而《版权工作"十三五"规划》则主要确定了"完善版权法律制度体系""完善版权行政管理体系""完善版权社会服务体系""完善版权涉外工作体系"四项重点任务。这些具体的工作任务,既是未来版权管理的重要事务、职责,也是影响版权管理体制改革方向的重要因素。

第二节 基本理念

《国务院关于新形势下加快知识产权强国建设的若干意见》从知识产权强国建设目标出发,提出了"坚持战略引领""坚持改革创新""坚持市场主导""坚持统筹兼顾"四个基本原则,《版权工作"十三五"规划》着眼于版权强国建设,立足版权工作,提出了坚持"实施版权严格保护""推动版权产业发展""健全版权工作体系"三大基本原则。

---

① 国家知识产权局保护协调司.开启知识产权强国建设新时代——对《国务院关于新形势下加快知识产权强国建设的若干意见》的解读[J].专利代理,2016(1):3-6.

表 7-1 知识产权强国建设基本原则

原则名称	基本内涵
坚持战略引领	按照创新驱动发展战略和"一带一路"倡议等,推动提升知识产权创造、运用、保护、管理和服务能力,深化知识产权战略实施,提升知识产权质量,实现从大向强、从多向优的转变,实施新一轮高水平对外开放,促进经济持续健康发展。
坚持改革创新	加快完善中国特色知识产权制度,改革创新体制机制,破除制约知识产权事业发展的障碍,着力推进创新改革试验,强化分配制度的知识价值导向,充分发挥知识产权制度在激励创新、促进创新成果合理分享方面的关键作用,推动企业提质增效、产业转型升级。
坚持市场主导	发挥市场配置创新资源的决定性作用,强化企业创新主体地位和主导作用,促进创新要素合理流动和高效配置。加快简政放权、放管结合、优化服务,加强知识产权政策支持、公共服务和市场监管,着力构建公平公正、开放透明的知识产权法治环境和市场环境,促进大众创业、万众创新。
坚持统筹兼顾	统筹国际国内创新资源,形成若干知识产权领先发展区域,培育我国知识产权优势。加强全球开放创新协作,积极参与、推动知识产权国际规则制定和完善,构建公平合理的国际经济秩序,为市场主体参与国际竞争创造有利条件,实现优进优出和互利共赢。

根据版权管理的实际情况,结合上述两个方面的工作原则,改革版权管理体制应强化以下四大理念。

一、价值主导:激励创新、促进发展

创新于我国当下改革发展而言,是"第一动力",被置于"国家发展全局的核心位置"。[1] 而版权制度的根本目的在于创新,不仅将其作为"制度制定、存在的原因和追求的目标",而且"在对这一目标的追求中","实现了自身的制度创新"。[2] 改革发展我国版权管理体制,首要

---

[1] 习近平.在党的十八届五中全会第二次全体会议上的讲话[N].人民日报,2016-1-11(1).
[2] 吴汉东.知识产权制度基本理论研究[M].北京:知识产权出版社,2009:205.

的价值取向必然是激励创新——推动全体公众积极投身知识创新,创作丰富的作品。不过,这种对创新的鼓励并非直接的物质和精神刺激,而是通过市场化的手段、依靠强有力的法律手段确保作者的经济利益和精神权利。就经济利益产生的机理来说,主要是基于市场经济条件下知识产权产品"固定成本与边际成本的比率极高"[①]的特点人为制造作品资源的稀缺,以赋予作者专有权的形式造成一定的市场垄断地位,从而达成市场交易机制——这种机制是版权制度激励创新的关键。因此,改革的价值导向落地生根,着力点也是激励创新:激励更多创新性的产品生产出来;激励各个层面参与版权管理机制改革的创新探索,从制度到执行,从理念到实践。

然而,正如我国《著作权法》总则中强调的那样:"鼓励有益于社会主义精神文明、物质文明建设的作品的创作和传播,促进社会主义文化和科学事业的发展与繁荣。"版权制度激励创新的根本目的,是促进知识的传播、社会的文明——在此意义上,根据资源配置方式特点和社会管理体制而构建的版权制度实际上体现的是工具价值。只不过,实践当中,工具与目的并不全然一致。以激励创新而采取的保护作者、传播者权益的众多举措,并不必然最终更好地促进知识传播——至少不是最优,所以为提高效率、促进发展而设计的反垄断法规以及对版权的限制规定才显得尤为重要。正如吴汉东教授强调的,知识产权制度的第一价值是正义价值,是作为法的价值。[②] 因此,版权管理体制改革无论是着眼当下,还是贯穿全局,都应将推动社会文明发展作为根本追求。

---

① 彭辉.版权保护制度理论与实证研究[M].上海:上海社科院出版社,2012:42.
② 吴汉东.知识产权制度基本理论研究[M].北京:知识产权出版社,2009:178.

二、治理理念:战略视野、协同思维

时至今日,版权作为"一种行业管理的手段"的理念已经明显不合时宜。版权自身牵涉的方方面面的利益、在经济社会发展中的重要作用,都大大提升了版权管理的战略地位。英国知识产权委员会早就提出,无论怎样称呼知识产权,我们最好将它视作公共政策的一种手段,授予个人或机构一些经济权利,以实现更大的公共利益。[①] 我国许多学者都提出,包括版权在内的知识产权制度,从国家层面看是政府公共政策的一部分;知识产权制度建设要与其他政策目标相协调,彼此之间的冲突要尽量避免;要综合考虑文化政策、外贸政策、产业政策、教育政策等政策目标。[②] 此外,从现实情况看,包括版权管理在内的任何一项公共事务的管理,都客观上存在着配套协调的问题。这一方面是因为既有法律法规对各部门职责权限界定不清、机构设置不合理,另一方面,随着行政管理分工的细化以及社会事务的复杂程度逐渐加深,部门管理权限的一一对应关系变得模糊,不同部门在处理同一事务时,彼此之间产生矛盾成为一种常态——对版权管理而言,这种情况尤甚。

这样来看,改革版权管理体制,不是就管理而管理,不是拘于版权说版权,而要从促进版权相关产业发展、促进国家管理的角度,立足文化繁荣发展、国际竞争力提升、意识形态安全等战略层次,依靠强有力的领导机构,加强顶层设计,做好宏观谋划,通过有效的制度安排和科

---

① 吴汉东.知识产权中国化应用研究[M].北京:中国人民大学出版社,2014:555.
② 吴汉东.知识产权制度基本理论研究[M].北京:知识产权出版社,2009:133.

学的话语转换,使之成为国家治理体系与治理能力建设的重要组成部分,在中央和地方各个层面的科学决策、发展规划、施政方案中得到重视和体现。而在具体的方案设计上,则要跳出行业管理的圈子,与政治政策、经济政策、教育政策、社会政策等协调,对诸如机构设置、财税政策、人员队伍等进行统筹部署,使版权管理发展战略和规划有机融入经济社会发展大潮,使版权管理活动成为各级政府施政为民工作的有机组成部分,切实发挥版权管理的职能和作用,最终实现版权管理的价值目标。

三、管理原则:强化法治、社会参与

包括版权在内的知识产权诸多类型,其作为无形财产权,从思想观念到社会实践,要得到广泛认可和强力保障,最基本、最主要的手段是法治。版权制度对作者、传播者、公众三者利益平衡的调节,最主要的途径是构建并实施版权法律制度。特别是在中国,在知识产权文化基础薄弱、版权相关产业经济形态松散、产权保障制度尚不完善的条件下,对版权问题的权衡判定、对版权利益的争取,很难在文化观念、道德传统或行业传统等非法制层面得到有效的支持依据——除了法律制度,其他因素都很难产生权威效力。同样,在版权管理的实践运行中,版权相关产业的经济利益保障有赖于在法制化基础上形成的市场条件和经济环境,特别是关于版权经济权益的市场机制;维护版权权利、优化版权资源、处理版权纠纷、管理版权交易等,也都需要通过依法设立的机构经由依法授权而履职行权。尤其是在版权保护方面,绝大多数国家都主要依靠司法主导,由司法机关行使保障版权经济权利和精神权利的职能。对于我国而言,回归版权管理的权利管理本

质,突出司法管理的权威性、主导性,强化依法治理的原则,应该是一个基本方向。但也要看到,"知识产权具有无体性、外部性、公共物品性和政策性等特征,权利边界不似其他财产权那样清晰";"在缺乏保护传统、权利意识不强和知识产权文化不够发达的社会背景下,容易发生重复性的、大规模的侵权行为";"我国实行的双轨制执法体制符合我国社会主义初级阶段市场还不够规范、侵权行为多发、全社会知识产权意识不强的实际,具有现实存在的基础和合理性,还将会在较长时间内持续下去";强化司法主导,"更主要的是通过完善司法救济体系,以公正高效的司法供给满足私权救济的需求",而非完全取代行政执法。①

与强化法治紧密相关的另外一个概念就是社会参与。"版权是涉及各类社会主体的民事权利,版权管理是广泛的社会化管理活动,并不针对特定的系统行业。"②版权事务、版权作品、版权相关产业、版权权利的管理分别由立法与司法机构(人民代表大会、公检法机构等)、行业行政管理部门(文化、新闻出版、广播电视、网络安全和信息化、工业和信息化等行政管理部门)、人民团体和社会组织(文联、作协、版权保护协会、著作权集体管理组织等)等方方面面的系统负责。所以,不论是广义上还是狭义上,版权管理都不是一种行业管理,而是一种依靠法治的社会管理。未来,随着版权相关产业的不断发展完善,市场化、产业化的趋势将更加凸显,一些原有的行业行政管理部门也有可能参照其他行业转为行业社会组织,而原有的版权事务、版权权利的

---

① 孔祥俊.知识产权法律适用的基本问题:司法哲学、司法政策与裁判方法[M].北京:中国法制出版社,2013:11.
② 赖名芳.为建设版权强国而不懈努力——国家版权局版权管理司司长于慈珂就《版权工作"十三五"规划》答记者问[N].中国新闻出版广电报,2017-2-16(5).

管理则更多交由社会组织实行社会化运作。所以,改革版权管理体制绝不能按照传统思路,形成突出某一行业主导或者利益的格局,而是在法制基础上设计更为合理的授权机制、激励机制和管理机制,特别是注重数字时代互联网思维和技术的运用,构建社会化的大管理平台,有效促进版权的创作、保护、管理和运用。

四、实施原则:利益平衡、效率优先

改革的本质是利益格局的调整。而版权,本身就是一种调节作者、传播者和公众利益的平衡机制。版权历史的演进,实质上是不断的权利扩张与限制的平衡之路。在美国的著作权思想史上,一直将版权看作半空的水杯——也有人将其看作半满的水杯,[①]而空与满的对半状态,形象地体现了维持平衡的价值追求。另一方面,在版权管理领域,适度性历来就是版权制度建设与发展的核心焦点之一。姚林青、池建宇认为,版权制度可以因提高了文化产品的价格而减少文化产品的需求、因设置了思想交流的屏障而影响创新,从而对文化产业发展形成制约。[②] 所以,版权管理体制改革,毫无疑问,本质上就是寻找一个最佳平衡点,促进版权各方利益平衡分配的过程。但是这里所说的"各方",绝非作者、传播者和公众三种具有符号化意义的群体,事实上,实践中的相关利益方的博弈情况可能更为复杂。比如,"主导美国著作权早期争议的,是国家与地方权力的冲突,而非伦敦的垄断者

---

① 戈斯汀.著作权之道:从谷登堡到数学点播机[M].金海军,译.北京:北京大学出版社,2008:11.
② 姚林青,池建宇.版权制度与文化产业关系的辩证分析[J].现代出版,2011(4):42.

与边远地区的盗版者之间的冲突。"①在我国,利益平衡的内涵还包括不同行业管理部门的力量博弈、不同地区的利益诉求。改革版权管理体制,不仅仅是从立法上更有力地保障、更科学地调节作者、传播者、公众的利益(特别是针对新技术条件下的实际情况),而且更重要的是充分认识、参与版权管理的各方的历史、职责与影响,在实践中着眼发展的最终目标,不惜打破不合理的利益均势,在更大范围内兼顾更多社会因素、调动更多社会力量,构建立足当下、兼顾长远、持续发展、动态平衡的利益格局。

与利益平衡紧密相关的另一个原则是效益优先。"效率是知识产权制度的基础,也是知识产权制度追求的重要的价值目标。"②这不仅因为"绝大部分著作权涉及的还是钱的问题"③,更重要的是,版权的意义很重要的是促进版权交易成本降低,实现作品资源更有效的配置。那么,对于版权管理体制改革而言,同样适用于版权的这一基本规律——重视制度的效益,包括实际的有效性、更优化的改革成本、效益的最大化等。这在理论上的体现是法律和经济相融合的交叉学科——法律经济学,探讨如何在实现正义的过程中降低成本。换句话说,必须在公平正义和成本代价中找到平衡。④ 这对以利益平衡为核心的版权尤为如此。比如说,追究公众违法复制版权作品的责任,其执法成本和效果,在经济上是绝对不经济的,难以成为现实中的政策选项。所以,到实践操作中,就要衡量改革的投入产出比,突出效益优先的原则:重视政策措施的资源投入在多大程度上促进市场绩效;不

---

① 戈斯汀.著作权之道:从谷登堡到数学点播机[M].金海军,译.北京:北京大学出版社,2008:41.
② 吴汉东.知识产权制度基本理论研究[M].北京:知识产权出版社,2009:195.
③ 戈斯汀.著作权之道:从谷登堡到数学点播机[M].金海军,译.北京:北京大学出版社,2008:6.
④ 熊秉元.正义的成本:当法律遇上经济学[M].北京:东方出版社,2014:31.

以单纯的机构数、编制数来衡量成本大小,不单方面看投入的绝对数,而要看看多增加一个相应的机构、相应的编制而带来的实际状况的改变;全面衡量改革可能带来的影响,而不是单纯从法理上、从概念上制定改革方案。

第三节 基本关系

由于版权管理工作的复杂性,特别是在实践运行中行政管理、司法管理、社会管理的协调,版权行政管理与有关行业行政管理部门的协调,版权法制建设与文化、传媒法制建设的协调等,牵涉方方面面的利益,改革版权管理体制要突出对复杂关系的调整与把握,特别是以下六对关系。

一、文化与版权

文化与版权是一对在理论上容易混淆、在现实中常常相互缠绕的概念。许多文化行业的人认为,文化包括版权,版权只不过是文化发展建设的一种视角和手段。实践当中,文化行政管理被理所当然地作为文化市场监管、文化产业布局和文化事业发展的主导力量。而近些年大力推进文化市场综合执法改革又强化了这一趋势。此外,在产业发展层面,文化行业又从行业产品和服务属性的角度将行业内所有具有产权性质的有形无形财产统称为"文化产权"①。而版权领域的人则强调,"版权是文化的内核";"版权的主体是作品的创造者,版权的客体是文学、科学和艺术领域内的一切成果,诸如各类出版物、影视戏剧、音乐舞蹈、美术摄影、建筑外观雕塑、实用工艺,甚至计算机软件,可以说涵盖了文化的各个方面";"版权的主客体是文化的基础","没有脱离版权的文化产业"。② 在管理层面,文化市场管理主要涉及文化、广播电视、新闻出版、文物等大文化范畴,限于市场流通领域,而版权管理不仅涵盖大文化范畴,还涉及非文化范畴的计算机软件、建筑、设计和互联网,不仅涵盖市场流通领域,还涉及创作和生产环节。③

事实上,在大文化概念下,文化包括版权,版权是文化建设发展的一种社会载体,是社会发展到商品经济阶段、形成文化产业后的时代产物。历史上,"文化先于版权,已存在了几千年,而版权却只有300年的历史"。④ 版权的目的是保护传播者以及作者(这里传播者在前,而不是在后)的经济利益,经由经济利益的保护才能促进、激励文化建设。就范畴来看,一切精神文化活动从产品创作到传播流通,再到接收参与都在文化范围内,而版权主要是针对文化产业领域(经济活动)内的文化生产、传播,从法律上保障作者和传播者的精神权利与经济权利。但是对文化而言,在现代社会,版权不只是文化产品的法律保障,更是文化产业经济的货币符号,对产业发展和整个社会的文明进

---

① 比如2010年3月,中宣部等九部委联合下发的《关于金融支持文化产业振兴和发展繁荣的指导意见》(银发〔2010〕94号)中提出:"充分发挥上海文化产权交易所、深圳文化产权交易所等交易平台的作用,为文化企业的著作权交易、商标权交易和专利技术交易等文化产权交易提供专业化服务。"其中对文化产权的界定就是文化企业所拥有的有形无形财产权利。
② 阎晓宏.21世纪为什么是版权时代[N].中国新闻出版报,2011-7-14(5).
③ 国家版权局版权管理司.关于建立健全版权工作六大体系的分析与思考[R].2007.
④ 阎晓宏.21世纪为什么是版权时代[N].中国新闻出版报,2011-7-14(5).

步都有重要意义。特别要明确的是，在宏观范畴上文化与版权的包含与被包含的关系，并不代表现实当中文化管理或文化行政管理与版权管理的关系。大的文化管理应该是所有精神文化活动的管理，包括文化、社会、体育、旅游、网络等多个行业层面，而绝不是目前文化行政管理部门职能所覆盖的领域。严格来讲，现实中的文化管理（狭义）、媒体管理、网络管理、版权管理、宣传管理以及文联、作协等人民团体管理都是大文化管理的一部分，都是从不同角度促进文化发展大目标的具体手段。所以，建设完善版权管理体制要把握好版权与文化的关系，一方面要从文化建设、社会发展的角度发挥版权管理的作用，另一方面要正确处理版权管理与文化管理、文化行政管理的关系，找到立足点、切入点，突出依法管理、保护私权的特殊优势，形成对政治、经济、文化、社会的综合推动。

二、公共与私人

公与私的关系处理是版权制度构建与实施永远绕不开的基本问题。就其本质而言，版权在法律体系中属于明确的私权范畴，《与贸易有关的知识产权协议》在其序言中宣示"知识产权为私权"。这表明，版权是"私的权利""私人的权利""私有的权利""私益的权利"。[1] 虽然从形式上看，"作者有权禁止他人未经许可而复制其作品，这与房屋所有人有权禁止他人擅自闯入其土地，何其相似"[2]，但这种私权产生的经济利益在传播环节形成了产业化的机制，因而许多权利保障被利益

---

[1] 吴汉东.知识产权制度基本理论研究[M].北京：知识产权出版社，2009：47.
[2] 戈斯汀.著作权之道：从谷登堡到数字点播机[M].金海军，译.北京：北京大学出版社，2008：6.

集团推动成为国家的经济政策和产业政策,上升为国家利益。① 同时,由于版权侵权带来的经济损害、市场环境破坏和对公众获取良好知识文化的权利的损伤,公权很多时候承担保护私权的重任。公权对原属于私法调节的领域频繁、深度介入,导致公与私的界限不断模糊。近年来,世界许多国家对私权管理的干预增加,私权越来越公权化。② 但版权公与私的矛盾,更多地则是因为它以思想表达为权利对象,形成专有垄断,"从权利保护的盾牌变为践踏文化自由的刀剑"③,直接影响了他人获取知识和文化的自由,影响了知识的自由广泛传播,特别是"数字技术时代版权作品的技术保护措施给公民的言论表达自由也带来了威胁"④。

现实中,改革版权管理体制,必须严格把握公与私的界限,正确认识公权行使和私权保障的不同范畴、不同依据,当"公"则"公",该"私"则"私"。在理念上,处理好版权管理的政治经济文化作用与版权事务的私权私利属性的关系,把实现公共政策目标与维护公民私人权益相结合,既不能用传统的行业管理的思维,也不能用完全的社会化的方式。在法理上,正确认识版权权利所带来的两面性,避免"宽严皆误"的情况;而版权保护的法律手段,应准确把握版权侵权等知识产权犯罪的本质与危害,按照私权保护的逻辑和规则完善制度体系,特别是关于刑事保护问题,要保持一定高度的刑罚门槛,范围严格限定,谨慎

---

① 吴汉东.知识产权制度基本理论研究[M].北京:知识产权出版社,2009:69.
② 吴汉东.知识产权制度基本理论研究[M].北京:知识产权出版社,2009:50.
③ 彭辉.版权保护制度理论与实证研究[M].上海:上海社科院出版社,2012:141.
④ 赵为学,尤杰,郑涵.数字传媒时代欧美版权体系重构[M].上海:上海交通大学出版社,2015:423.

对待知识产权保护的刑罚化。① 在实践中，把以"打击侵害公共利益行为"为职责、基于版权私权保护法理依据的版权行政执法限定在合理范围内，要区分于新闻出版执法、广播电影电视执法、文化执法、工商行政执法等维护公权的执法行为，避免混同带来的方向偏失、职责不清，更多通过社会管理、司法管理调节和保护，避免对版权行政保护的过分依赖。

三、管理与发展

管理与发展并重是由版权管理的特殊权利内涵决定的。从根本上说，版权是一种民事权利。其对象是文学、艺术和科技作品，其客体是反映和调整基于作品的利益关系的法律形态。严格来讲，版权制度的构建和实施，都是为了调节和维护这种法律关系。以此为基础而设置的版权管理机构和从事开展的版权管理活动，其核心是保障各个权利细项的顺利实施。在这一点上，版权管理与一般的司法管理无异。但版权的经济属性，使其"背后的经济利益与国际的经济职能确实牢牢地捆绑在一起"②，于是，版权管理兼具特定法律关系保障与特定经济产业发展的双重责任。但是，版权管理的依据和核心是围绕法定权利的相关事务，而不是具体的产品生产、企业经营等产业经济活动，所以，承担发展职能的要求，在实际当中往往体现为作品登记、信息服务、产权交易、宣传教育等中介服务活动。由于权利管理的强制性、直接性，中介服务的社会性、间接性，并且这种以中介服务发展经济的手

---

① 孔祥俊.知识产权法律适用的基本问题：司法哲学、司法政策与裁判方法[M].北京：中国法制出版社，2013：11.
② 吴汉东.知识产权制度基本理论研究[M].北京：知识产权出版社，2009：67.

段在作用效果上很难与行业管理部门的强力产业政策相媲美,所以,往往版权管理重管、善管,服务发展的能力和作用相对较弱,形成此厚彼薄的现象。

我国版权管理体制改革,虽然在当前形势下以加强执法、厉行监管为重点,但必须强化管理和发展并重的理念,切实承担推进版权产业发展的重任。因为,只有在产业发展中彰显版权管理直接服务版权相关产业的能力和影响,产业的政策需要才能更多反映到版权管理上,版权管理与版权相关产业的互动关系才能更加紧密、直接。在管理上,从促进产品交易、提升市场绩效的角度,完善管理体系、增强管理能力,尤其是强化执法监管的能力,保护版权资源的合理利用,对版权相关产业起到保驾护航的作用。在发展上,要通过构建版权创造、流通、交易和转换的系统性平台,"挖掘版权价值,发挥版权在文化发展中的基础性、资源性作用"[①],同时注重与金融、贸易等结合,充分发挥版权作为产品流通货币的特点,推动产业发展层次提升。在基层,应探索创建版权管理机构和人员服务产业发展的平台机制,避免一线的版权管理人员成为功能单一的市场执法人员。

四、统一与细分

统与分的关系是包括版权管理在内的所有社会管理活动难以回避的难题。在版权管理上,这种关系更难面对和处理。基于社会分工精细化、专业化的需要,版权作为知识产权中的文化产权,具体权利类

---

① 阎晓宏.新常态下充分认识加强版权执法监管工作重要性[N].中国新闻出版广电报,2015-1-19(5).

型多样,涉及民事、行政和刑事,包括文字、音乐、影视、软件等各种信息载体,这些特点构成了版权管理细分化的依据和基础。所以,在行政管理方面,与版权产业有关的新闻出版、广播电视、文化艺术、计算机软件等行业由不同的行政管理部门主管;版权事务则由相对独立的行政管理部门管理,与专利管理、商标管理等属于工业产权范畴的其他知识产权管理分列单设。在司法管理上,知识产权民事案件审理、行政案件审理、刑事案件审理长期实行"三审分立"审判机制。但是基于管理资源整合、管理效率提升的需要以及版权相关产业多属于文化行业、版权各种权利均是版权这个大的权利类型的细项、版权终归属于知识产权管理等特征,版权管理(知识产权管理)又出现统一整合的诉求和趋势。我国近年来在司法管理上积极探索知识产权民事案件审理、行政案件审理、刑事案件审理"三审合一"审判机制改革;新闻出版、广播电视、文化艺术等行业管理部门融合、整合的趋势加强,特别是在行政执法上深度整合;社会上对版权、专利、商标合并管理的呼声不断,一些基层还进行了实践探索。

对于统一与细分的问题,改革版权管理体制应从实际出发,宜统则统、宜分则分,不能认为统一就是必然趋势,就一定有利于工作,也不能认为细分就一定合理。因为,不论横向还是纵向比较,不论是在版权管理哪个具体领域,都很难得出统一和细分哪个更有益的单一性结论。从法理上讲,"版权、专利和商标中的每一种都是截然不同的法律部门。它们在知识产权这一标题下的联结所要达到的目的,是要把它们作为一个有别于其他法律部门的整体。然而,它并没有支撑起有关基本共性的一般性归纳。版权是跨过创造性门槛的原创性活动。

专利则明显取决于发明的新颖性。商标仅仅建立在先占的基础上"①。在实践中,统一、细分之间也并无前后相继的关联规律。比如说,长期以来知识产权中专利、商标、版权三大类型的行政管理采取分而治之的模式,这并不意味着以后就一定要进行整合。确定统与合的关键,要看当前版权相关产业和版权管理工作的发展特点和现实需要,要看版权管理工作的内在规律,要看统一或细分可能带来的实际效果。当前应统一的重点是包括版权管理在内的知识产权管理的战略统筹、规划整合,打破部门利益和行业管理的局限。在具体管理领域,要统一的是职能具有相似属性、依据同类法律设立、工作交叉重叠的管理活动,是同一体系内管理层级过多、物理区域划分过细的机构、队伍和活动,是市场化标准化的管理平台。要细分的则是专业化、特色化取向的版权管理服务,权威化取向的版权法律保障,多样化取向的版权管理力量。

五、法律与技术

法律与技术是版权管理的两大重要支柱。就合法性而言,版权管理的体制机制、行为规范有赖于版权法律和相关法律制度的支持,离开法律的基础保障,版权管理无从谈起,更何况版权原本就是一种法律限定的特定权利。所以,版权管理应该遵从法律的基本原则。特别是在版权执法保护实践中,应该严谨执法、规范执法。而技术问题——主要是和版权作品传播有关的信息技术,从本质上看,是版权行业的发展问题。技术的创新、使用是推动版权相关产业发展的基本

---

① 哈尔彭,纳德,波特.美国知识产权法原理[M].宋慧献,译.北京:商务印书馆,2013:3-4.

动力,是促进版权作品内容传播、推动人类精神文明建设的重要力量。对于版权管理而言,技术更是变革思维、制约实践、影响效果的关键因素。这是因为技术的变化直接导致了版权管理所依赖的版权制度的变革——历史上,自版权制度产生以来,技术和法律之间的互动关系就围绕权利扩张和权利限制之间的博弈而展开。在技术保持不变的情况下,强化版权保护的力度,会使天平向版权人倾斜;如果技术在发展而法律保持不变,版权保护就会被削弱;[①]同时,技术应用的广泛性、复杂性,使版权管理的具体方式和手段包括版权管理机构的设置,执法队伍的建设等都随之变化。所以,版权制度的平衡之义,也包含法律和技术的关系平衡。

  从版权管理的视野把握法律与技术的关系,核心是要坚持发展性原则。既要反对法律至上,把法律作为版权管理的唯一性、至高性原则,而对技术的快速发展视而不见,将技术严格限制在法律的领地内,也要反对技术至上,以技术创新为名,忽视法律的基础性、原则性作用。毕竟,法律是对现实关系行为的调整,其本质是各方关系的协调和妥协,其目的是服务于现实发展需要。技术也并非万能、全然正确——一方面,技术的成熟度、生命力需要实践验证;另一方面,有些技术本身就显失公平,比如对版权保护技术措施进行破解的技术等。应以长远发展的眼光,从版权相关产业、知识的有效广泛传播出发,将法律与技术作为推动发展的矛盾关系,相互作用,激发动力。要坚持渐进性原则,法律只是对现实利益关系的原则性规范,有宏观性和稳定性,不可能与现实保持同步,滞后性可能是法律的宿命。但是在原则、理念上,法律却有可能显示出长久的生命力。同样,对于技术,也

---

① 张今,卢亮.版权保护、数字权利管理与商业模式创新[J].学术交流,2009(8):52-55.

需要假以时日,给予一定的时间沉淀和实践打磨。因为有些当时领先的技术,其落后性、不适应性可能在很短时间内就体现无遗。特别是进入21世纪,技术更新的速度超过人类历史上任何一个时期。更重要的是,要强调创新性原则。版权管理要在坚持利益平衡的大原则下,创新实践特别是对于新技术新情况,虽然现行版权法律法规未能详尽阐释,但可以借助《著作权法》以及《民法总则》《宪法》等具有较高效力的法律进行执法实践——这也是为法律制度的修订完善积累素材。同时,在版权管理的手段和方法上,要尽可能采用新技术新方式,以提高管理效率。

六、中国与世界

立足自身实际,吸收国际经验,是我国各行各业改革发展的共识。但对于版权管理而言,稍显特殊的是,版权法律制度大量移植自国外,版权管理体制改革完善是一个从"逼我所用"到"为我所用"的过程,[①]其"舶来品"的印记浓重。并且,由于知识产权制度作为最全球化的现代法律制度,以及知识产权对维护创新经济发展的作用,包括版权保护在内的知识产权保护已经形成了一个强大的国际化网络,深深嵌入政治经济全球化的秩序框架中。原本"主权国家是否加入某一国际条约拥有自主选择的权利,各国可以基于各自的经济状况和利益进行衡量","但在网络经济全球化的背景下,不进入版权国际条约,就难以融入世界经济文化发展的潮流中,而一旦加入版权国际条约,就要必须全部接受包括条约在内的一揽子协议","严重削弱主权国家加入版权

---

① 吴汉东.中国知识产权法制建设的评价与反思[J].中国法学,2009(1):51-69.

国际条约的自主性"。① 这对中国版权管理工作者而言,感受更为深刻。从改革开放之初的与美国的高能物理谈判,到加入世贸组织签订相关协议,包括版权在内的知识产权管理都曾承受了巨大的国际压力,甚至在一些领域出现了对外国产品和服务的保护高于本国的情况,比如1992年颁布的《实施国际著作权条约的规定》,其第6条规定:"对外国实用艺术作品的保护期限为自该作品完成起二十五年。"这主要是根据《伯尔尼公约》第7条第4款规定:"实用艺术作品作为艺术作品在本联盟成员国受到保护。该国可自行立法决定其保护期。但该保护期至少维持到作品完成之后二十五年。"但事实上,我国著作权法没有规定对实用艺术作品给予保护。这就形成了国外著作权人在我国的超国民待遇,对国内著作权人而言,则是一种"消极歧视"②。虽然这种现象是改革开放、融入世界过程难以避免的代价,但确实是一种保持特色与国际接轨之间的选择。

毫无疑问,"各国对知识产权制度的选择与考量,表现了强烈的国家利益本位和政策立场"③。从国家利益出发是改革版权管理体制的首要原则。尽管在这一过程中从国家到行业企业再到个人,都可能会承受一定的国际压力,但无论如何,着眼于中国特色社会主义的建设目标,立足于社会主义发展初级阶段的基本国情,构建完善符合自身实际、体现中国特色的版权治理体系是必须恪守的准则。但同时,与国际接轨也是无可回避的课题,特别是在当前中国作为全球化的受益者和倡导者的背景下。即使在与国际接轨过程中,类似于《实施国际著作权条约的规定》之类的"消极歧视"代价不断出现,

---

① 彭辉.版权保护制度理论与实证研究[M].上海:上海社科院出版社,2012:141.
② 韦之.从伯尔尼公约看中国著作权法之修订[J].中外法学,1997(5):91-96.
③ 吴汉东.知识产权中国化应用研究[M].北京:中国人民大学出版社,2014:556.

也要从长远和大局出发,作出更为科学的抉择,而非计较一时一地的得失。随着我国综合国力的提升、国际影响的扩大以及版权管理经验的日益丰富,我们既要有选择地根据国际规则调整完善自身体制,更要有主动融入、适当引领的意识和行动,在国际版权管理体系中占据有利位置。

第八章
路径选择——版权管理体制改革完善的措施建议

针对当前版权管理体制存在的问题及成因，结合建设知识产权强国的战略目标，以前文所论述的版权管理改革基本导向为基础，本章探索性地提出改革的五大方面的具体建议。需要说明的是，这些政策建议与《国务院关于新形势下加快知识产权强国建设的若干意见》（国发〔2015〕71号）有关知识产权管理体制机制改革的内容不同。这些建议的实施目标，从阶段性上来看，是推进知识产权强国建设；从长远视角来看，是推进版权相关产业、版权事业更好发展；从操作性上看，可能某些举措暂时不具备实施条件。因此，政策建议更多是提供一种不设时限的政策参考和可能方向。

第一节 激发和强化改革动力

一、做强制度供给主体

与一般的制度不同，版权制度是围绕法定民事权利而形成的法律体系，具有强烈的国家意志色彩。而从中国版权管理的历史沿革来看,以政府为主导的强制性制度变迁更是发展主线——从某种意义上说,如何实施版权管理,构建什么样的版权管理体制,归根结底是一个国家的政治选择。来自政府层面的决策和主张,是版权管理体制改革最强有力的动力。就当前版权管理体制的现状而言,要真正解决部门管理、行业管理历史惯性大、版权管理顶层设计不够、政治资源投入不够等体制性问题,基本途径应该是凸显版权管理在文化强国建设、国家软实力提升方面的特定作用,使之成为执政党治国理政的重要工作、国家治理体系和治理能力建设的重要构成。根据我国的政治体制,可以考虑两个方面的具体实现途径。

其一是从加快推进创新型国家、知识产权强国建设出发,强化知识产权管理的战略规划和统筹,在中央层面、中国共产党的执政体系内建立中央知识产权战略领导小组,着眼政治、经济、文化、教育、科研等各个领域的知识产权创造、运用和保护等重大问题,研究制定知识产权发展战略、宏观规划和重大政策,统筹推进知识产权管理工作。

其二是从繁荣发展社会主义文化出发,突出版权管理对文化发展、文化安全和意识形态安全的重要作用,在2012年1月成立的中央文化体制改革和发展工作领导小组基础上,改组建立中央文化改革发展和版权管理工作领导小组,统筹文化和版权体制改革和建设发展的重大问题,进一步突出版权在大文化管理中的地位和作用,理顺文化与版权的关系,为版权行政管理运行和执法机制完善奠定基础。在具体的工作协调上,由领导小组统筹各相关部门单位推进文化与版权管理工作。

这两个路径,都有利于发挥版权管理的战略统筹能力和公共政策属性,但前者的实践难度更大,不过效率更高,后者相对容易实现,但是横向协调度有限。

二、激发经济基础推力

虽然版权管理体制作为一种上层建筑，是为经济基础服务的，但是由于版权的特殊性和复合功能，版权管理在政治、社会、文化等方面又有自身的价值和功能。所以，从改革版权管理体制的角度看，需要做强版权相关产业，激发经济基础推力。

一方面，在与版权相关产业有关的其他上层建筑领域中，改革体制机制，释放版权相关产业——主要是核心版权产业的活力。其重点是文化体制改革。主要是进一步明确文化产业和文化事业并行发展的思路，构建完善适合中国文化发展的文化产业管理体制，特别是要变当前文化相关行业领域的部门管理为行业管理，行业管理转向市场管理，把原有的管文化、管意识形态的惯性思维和制度约束逐步破除掉，减少行政审批事项，加大市场开放力度，加强版权相关产业的整合性、关联性，真正使版权成为贯穿版权相关产业的线索，凸显版权经济与版权管理的畅通互动机制。

另一方面，则是要壮大版权经济，增加版权精品力作的供给能力，提高版权相关企业的生产经营能力和制作水平。特别是要通过版权精品的丰富供应，培育社会公众对版权产品的消费需求，尤其是对正版、优质版权产品的依赖性需求。同时，也要倡导和宣扬绿色、持续的经济发展理念，使各级地方政府重视版权经济的潜力和优势，积极培育和发展版权产业。

三、壮大社会参与力量

作为一种社会化的管理活动,版权管理体制的改革还必须注重发挥社会方方面面的作用,推动社会组织、相关企事业单位和各阶层人士积极发声,形成版权管理体制改革的多元动力。一是发挥好行业协会等社会组织的作用,使其成为联系行业、企事业单位、版权从业人员各方面的桥梁纽带,在推进制度改革上体现社会性、群众性优势。二是加快培育版权服务市场,支持各类以版权服务为核心业务的版权中介组织发展壮大,增强服务版权相关企业的利益保障能力,进而强化企业对版权管理的认可度和依赖感。三是充分发挥人民团体、民主党派以及文化类行业协会在版权管理体制改革方面的积极作用。文联、作协等人民团体和中国民主促进会(该会是以从事教育、文化、出版工作的中、高级知识分子为主,具有政治联盟性质的政党)等民主党派以及中国出版协会、中国期刊协会等行业协会,其政治基础、服务对象和宗旨目标均与版权管理有一定的相关性,应发挥、利用好这些社会组织的社会影响力和政治资源,特别是其在参政议政方面的独特优势,在推动版权管理体制改革上扮演更重要的角色。

第二节　优化和完善制度供给体系

一、优化制度供给模式

目前,版权管理制度以国家法律法规为主,其供给主体是享有立法权的国家机构。按照法律法规的不同层级规定,版权行政管理部门、国务院、全国人大均有一定的立法权。但不论哪一层级的法律法规,其起草制定工作往往由版权行政管理部门承担。下一步应该着力推动供给主体多元化。涉及战略性、全局性的重大版权法律,应交由全国人大负责。可以借鉴参考的例子是《公共文化服务保障法》。该法律由于涉及多个部门领域,公共属性较强,其起草制定工作就由全国人大教科文卫委员会牵头,成立了由中宣部、文化部、新闻出版广电总局、国家发改委、财政部、国务院法制办等有关部门负责同志组成的领导小组。① 最终该法律于2016年12月颁布。版权行政法规应交由国务院法制办等专门的立法机构牵头负责,或者版权行政管理部门受委托承担调研起草任务。这样,一方面能有效解决目前部门立法水平不够高、协调能力不够强的问题,也能增强立法的权威性、加快立法工作的进程。版权行政管理规章、司法解释等则主要由版权行政管理部门、司法机关制定颁布。此外,还要积极推动行业协会、地方政府机构,就版权管理的具体领域,比如版权价值评估、版权产品交易等,制定市场规则或行业公约,以补充法律法规的不足,构建更加全面完善的制度体系。特别需要指出的是,改革制度建设理念,强化版权制度的可操作性也应作为版权制度完善的重要方面。

二、完善制度供给体系

制度的及时、全面供给,是版权管理体制改革的重点内容。特别是近年来科技发展对版权概念内涵和法律制度提出挑战,完善版权制

---

① 中华人民共和国公共文化服务保障法[M].北京:中国法制出版社,2017:12.

度体系变得尤为迫切。

一是及时出台法律法规，填补相关法律空白。其中较有代表性的是关于民间文学艺术作品的保护。这既与国家版权竞争的趋势有关，也与发展中国家文化安全意识的觉醒有关。世界知识产权组织在2000年还专门成立知识产权与遗传资源、传统知识和民间文学艺术政府间委员会，推动在国际层面鉴订保护民间文学艺术的国际公约或文件。[①] 当下，应大力推进《民间文学艺术作品著作权保护条例》的制定工作，使其早日出台。此外，关于视听表演等邻接权的保护、关于社交媒体上版权作品的保护、关于私人复制问题的规定、关于馆藏作品的保护和例外限制规定等，都是目前社会广泛关注的问题，应该在制度建设中予以回应。

二是加快法律修改完善进程，提高制度对现实的适应性。我国当前的法律法规体系，总体上已经健全，未来制度建设的重点主要是及时修改完善。根据市场和社会需求，提高修法效率，尽快完成以《著作权法》第三次修改为重点和标志的法律体系修订工作，积极推动《著作权集体管理条例》《信息网络传播权保护条例》《使用文字作品支付报酬办法》等法规规章结合现实情况进行调整修改。修法过程应注重及时性、高效性与公平性、权威性的结合，既要成熟一步、推进一步，也要顺应时代趋势，及时调整完善有关内容。

三是注重非正式规则的供给。针对近年来版权民事纠纷数量大、版权市场规模大等情况，版权行政管理部门指导行业组织围绕具体现实问题，加大指导性而非强制性的行业规则的供给力度，积累制度建

---

① 中南财经政法大学知识产权研究中心课题组.国际版权发展趋势研究报告（2014—2015）[M]//吴汉东.中国知识产权蓝皮书（2014—2015）.北京：知识产权出版社，2016：112.

设基础。比如著作权集体管理的利益分配问题、网络媒体转载版权作品的付费问题、版权作品的市场估值、版权侵权的赔偿标准等,都需要一定的规则指导或借鉴。

三、增强制度供给能力

制度制定的水平是决定制度生命力的重要因素。制度制定除了要考虑制度的供给方式、供给程序等因素,还要考虑制度的制定者因素。因此,除了提高版权行政管理部门、司法部门以及立法部门对于版权的专业法治能力,还要放眼长远,加强版权制度建设的实践积累和理论研究。

一是建立培育更多的版权智囊机构。一方面是推动有关高等院校在知识产权研究机构中加强版权研究分析机构建设,比如国内知识产权研究重镇北京大学知识产权研究中心、中国人民大学知识产权教学与研究中心、中南财经政法大学知识产权研究中心,应设立专门的版权研究部门;另一方面,根据版权的社会性、文化性等特点,可以考虑在文化传媒类高校设立版权研究基地,或者在行业社会组织和企业中设立相关研究基地,[①]推动多元化的版权研究,避免单纯从知识产权法角度、从法制角度研究版权问题,改变知识产权法专业人士在制度构建和改革过程中话语权畸重的局面。

二是积极开展版权理论研究,为版权制度建设和版权管理实践奠定基础。就版权行政管理部门而言,应注重利用政府向社会力量购买

---

① 据国家版权局有关人士介绍和公开资料,2015年4月,中国版权协会和北京印刷学院联合成立"中国版权研究中心";2016年10月,国家版权局在腾讯公司设立网络版权产业研究基地。这可视为加强版权研究机构建设的重要实践。

服务、产学研基地建设等政策条件,主动释放需求,增强教育科研领域有关人员的版权研究意识和主动性。

第三节 创新和改革运行机制

一、行政管理:高配、扩容、转型

行政管理部门作为维护和执行版权法律制度体系的组织机构,应该是版权管理体制改革的重中之重。针对文化产业发展势头强劲、文化安全战略地位日益凸显的宏观形势,结合版权保护形势依然严峻、版权管理体制尚处于转型阶段的现实状况,版权行政管理的改革方向应该是高配增势、扩容增效、集约增能。

所谓高配增势,是指进一步提高版权行政管理部门的政治地位,增加其话语权。版权行政管理机构不应整合到知识产权行政管理体系中——这既不符合《著作权法》的有关规定,也不符合现实工作需要,而应该进一步凸显其独立性。鉴于版权管理与文化、媒体管理的紧密关系,未来版权行政管理机构的改革路径有两大方向:一是在国家层面,版权行政管理部门与新闻出版行政管理部门、广电行政管理部门、文化行政管理部门整合,继续保持"两块牌子、一套人马"的模式——当然,这需要后者的机构整合;[①]二是参考国家能源局与国家发

---

① 2018年3月《深化党和国家机构改革方案》明确由中共中央宣传部统一管理新闻出版工作,中共中央宣传部对外加挂国家新闻出版署(国家版权局)牌子。这实际上沿袭了"两块牌子、一套人马"的模式,不同的是,版权行政管理由与出版行政管理"二合一",变成直接纳入宣传思想文化领导管理组织框架。

展与改革委员会、国家邮政局与交通运输部的关系,将国家版权局独立设置为部委代管的国家局,以更好发挥其职能。省市以下行政管理机构设置可与国家层面的设置模式保持一致,也可以根据实际情况创新突破,但版权行政管理的地位和作用不能削弱。

所谓扩容增效,是指进一步加大版权行政管理机构管理和服务版权相关产业、保障版权相关权利的能力。根据中央政策文件精神和《著作权法》、"三定"方案规定,积极拓展版权行政管理部门在版权创造、运用、保护和管理等各个方面的职能。在保持版权保护作用有效发挥、版权保护能力不断提高的前提下,积极参与版权相关产业经济政策制定。具体的行政手段包括经济激励、评价表彰、维权保护、政策服务等。对于版权作品登记、版权合同登记等事项,应该指导有关单位提升服务质量、扩大服务队伍,从法定的登记管理向市场应用服务延伸。上海、吉林等地在这方面积极作为,已经迈出了第一步。据了解,上海市版权局从2013年起,每年拿出100万元专项资金,扶持版权国际贸易。截至2017年3月底,上海市已有104个版权项目获得资助。吉林、河北等地探索在一些重要版权产业园区设立版权服务站。国家版权行政管理部门应该在实际支持、服务版权产业发展上,采取有效举措,形成制度机制。

所谓转型增能,是指根据版权相关产业发展的新形势,特别是新技术发展的特点,强化版权管理的专业性,进行适应数字化时代需要的机制改革。一是进行职能调整,将行政管理和行政执法适当分开。行政管理主要集中在授权确权、社会服务、政策咨询上;行政执法主要集中在权利保护、市场监管上。这样分置权力,有助于避免权力集中带来的大部分版权行政管理机构偏重版权执法而较少顾及管理服务,以及权力集中带来的廉政风险。二是组建跨区域的、专业化的行政管理机构和执法机构。根据版权侵权跨区域化、网络化的特征,应将属地管理与跨区管理、大区管理结合。针对网络侵权突出和高发的现实情况,应建立全国统一统管的版权网络执法队伍,进行全国性的网络版权保护。这一点可以借鉴俄罗斯设置莫斯科市法院统一审理网络侵权案件的思路,[①]在行政执法队伍和审理法院上,进行专门设立或者指定管辖,以提高执法效率。传统的行政管理、现场执法,则继续按照现有运行体制,由省级以下版权行政管理部门承担。同时,将版权行政管理限定为国家、省市区、地级市三级,县级层面不再设置版权行政管理机构和相关职能,其行政执法职责由地级市版权行政管理部门直接授权给文化综合行政执法机构。这样可以突出版权管理的重点领域,更有利于版权管理和保护。三是加强网络管理平台建设。结合数字化时代的特点,借鉴公安、国土资源等行政管理部门的经验,建立全国统一的版权作品管理云平台,对作品的登记、确权、转让、衍生增值等进行集约化管理,为版权保护和版权产业发展提供支撑。建立版权权利人的集中结算平台,提高著作权集体管理水平。建立法定许可管理平台、执法协作网络信息平台等,切实提高数字化应用和管理水平。

二、司法管理:专业性、主动性、衔接性

司法管理作为版权管理的主导管理方式,下一步改革的方向应该是结合整个司法管理体制改革,突出版权保护的职能。一是突出专业性,大力发挥维护公平、规范秩序的作用。就公安机关来说,针对网络侵权形势严峻、涉案金额大、社会影响大、对公共利益侵害不断加大的

---

① 王迁.俄罗斯著作权监管情况研究[R].2013-10-20.

情况,加大知识产权保护力度。可以根据《中华人民共和国人民警察法》第6条的规定(人民警察应当依法履行"监督管理计算机信息系统的安全保卫工作"),依托现有的网络警察队伍,赋予其查处重大网络侵权的职能。通过职能的确定,提高公安机关查处版权侵权案件的专业能力。就审判机关来说,一方面,积极推进设立知识产权法院的试点工作,真正发挥司法管理在版权管理中的主导性和示范性;另一方面,根据最高人民法院《关于在全国法院推进知识产权民事、行政和刑事案件审判"三合一"工作的意见》,积极推进"三合一"工作,通过指定管辖、集中审理、巡回审判等方式,提高知识产权审判效率。二是增强主动性,扩大司法机构保护版权的影响力和震慑力。主要是司法机关依法主动介入重大版权案件,提高侦办和审判知识产权案件的效率。特别是公安机关应该充分利用其"侦查、拘留、预审和执行逮捕的权力",对重大版权案件主动出击、深度介入,切实起到整治犯罪、震慑罪犯、引导社会的作用。三是强化衔接性,完善行政保护与司法保护的协调机制。应该建立健全包括案件移交、信息共享、联合培训、协同办案等方面的工作机制,既充分发挥各自优势,又能形成整体合力,避免各自为战、资源分割,甚至是互相推诿。

三、社会管理:赋能、自治、协同

对于社会管理,主要是培育壮大社会组织,构建社会管理秩序。首先是根据法律规定,将版权管理的有关事务交由社会组织管理,提高社会管理在整个版权管理中的地位。除了目前版权社会组织承担的著作权集体管理职能,还可以考虑赋予其行业教育培训、法律制度起草调研、对外版权交往等职能。事权的扩大既是版权社会管理壮大的基础,也是版权社会管理活跃的标志。其次是增强社会组织的自我发展、自我管理能力。利用全国性行业协会与行政机关脱钩的契机,国家版权行政管理部门一方面要通过行政监管、业务指导、政府购买服务等方式支持社会组织发展,另一方面要适当隔断"裙带关系",推动社会组织围绕著作权集体管理和权益维护,真正服务和保障作者及传播者的权益,确立自己在行业和社会中的特殊地位。此外,还要注重加大增量,指导各类企事业单位和行业社会组织围绕版权管理和服务成立社会组织,如版权保护联盟、版权研究会,扩大版权社会管理的组织基础。

第四节 保障和推进制度落实

一、强化政策配套和部门协调

版权制度的公共属性是版权管理必须高度关注和认真对待的一个基本规律和基本现实。就本质而言,版权管理是社会化的管理活动,对象庞杂;就现实而论,"版权保护只是实现精确政策目标的'钝器',只有把版权制度与其他政策结合起来,相关政策建议才有可行的依据"[1]。因此,必须在版权管理体制改革中加强配套制度的制定完善和部门之间的协调合作。就前者而言,在中央治国理政的战略视野和最高立法机构的工作理念中,针对教育领域、文化领域、科技领域、司法领域、外贸领域等方面的国家法律制度和重大战略性政策,应尽可

---

[1] 彭辉.版权保护制度理论与实证研究[M].上海:上海社会科学院出版社,2012:79.

能体现版权管理工作的需要,使政策之间彼此相容、互相协调,努力避免政策之间相互矛盾的情况。就后者而言,则要充分运用多种协调手段。一方面是在目前已经构建的版权管理"多方协调"机制框架内,自上而下着重发挥国务院知识产权战略实施工作部际联席会议制度的作用,另一方面,要重视通过现有的政治体制,主动探索法定部门协调、共同的上级协调以及部门工作人员之间的私人协调等协调形式。

二、强化法律的执行落实

就法制工作而言,"通过一部无法执行的法律就是一项有害的政策,因为如此法律将损及人们对于可执行法律的忠诚度"[①]。同样,立法与执法的长期脱节将严重损害法律的权威性。在版权管理体制改革中,应该把强化法律执行落实作为一项基础性和关键性的工作举措和战略任务。具体实践可以从两个方面着手。其一是从立法机关的角度出发,构建全国人大推进版权法律落实的长效机制。充分运用全国人大以及各级立法机关的监督权、质询权等法定权力,对行政、司法各部门落实版权法律的情况进行指导、督促和检查,对于现实问题较为突出的领域、地方或者部门,及时进行调查、督导。比如2017年全国人大开展的《著作权法》执法检查,就取得了很好的效果。这次检查也是《著作权法》自1991年实施以来,由全国人大牵头开展的首次检查。此外,还应定期对版权法律制定的落实情况进行综合分析,通过立法机关的工作机制对其形成强劲推力。其二是从版权行政管理部

---

① 戈斯汀.著作权之道:从谷登堡到数学点播机[M].金海军,译.北京:北京大学出版社,2008:108.

门的角度出发,把全面落实制度作为版权管理的重中之重。将目前重要领域的管理任务与相关规章制度的规定要求相结合,制定工作责任体系,定期对各地、各领域的版权行政法规制度落实情况进行检查督促,通过正向激励和反向问责相结合的方式,强化制度落实。

三、加强版权管理投入

制度落实虽然是各相关部门单位的法律责任,但就实际情况而言,由于政府职能的相对集中和日常管理任务的繁杂性,就特定领域的制度落实而言,则需要相应的政策和机制进行保障,而绝不是靠单纯的法定责任和压力。就行政管理工作而言,工作经费、人员保障、政策激励、组织保障等可能是相对有效的保障举措——特别是对人员、机构相对较少的地市级及以下基层行政管理部门而言。而现实中,往往不同行政管理部门的政治资源分配状况会导致不同行政管理工作的落实执行差异。应该有效利用推进知识产权强国建设,建成知识产权强省、强市的政策机遇,进一步突出版权管理工作的重要性,一方面从宏观上推动从中央到地方加大版权管理的资源投入,包括设立专项工作资金、增加机构编制等,另一方面,则要推动行政编制机构和人力资源管理机构转变管理理念,重点从资源投入产出比而非资源投入的绝对数量上看政府职能转变和工作绩效提升,进而为版权行政管理争取更多资源支持,奠定政策理念基础。就司法管理工作而言,则主要是在整个司法管理体系中,对于从事知识产权保护各个环节的司法人员和工作机构予以充分的保障。

第五节 建设和改善外部环境

一、转变思想认识：明确目标，分层实施

全社会的观念认识和舆论环境，对任何一个层面和领域的管理都有极为重要的影响。尤其是知识产权这种"具有无体性、外部性、公共物品性和政策性等特征，权利边界不似其他财产权那样清晰"①的权利类型，更直接影响着权利管理的成效。因此，应把培育和引导社会的版权观念作为改革的重要任务。应该从国家层面制定版权宣传的工作规划，使之成为宣传思想文化工作、意识形态工作的有机组成部分。宣传的目标是让全社会正确认识版权的价值、内涵与理念，而不是单纯的围绕版权保护的法律概念的宣传。在工作格局上，改变主要由版权行政管理部门组织开展的模式，进一步提升规格层次，推动文化宣传部门主动承担版权宣传职责。此外，应该在版权思想宣传内容上，根据版权工作的特点，参考社会主义核心价值观从国家层面（富强、民主、文明、和谐）、社会层面（自由、平等、公正、法治）、公民层面（爱国、敬业、诚信、友善）依次展开，突出层次的经验，按照不同层级确定宣传主旨。比如在国家层面，应该深刻理解版权，强调版权管理在国家安全和国家发展中的地位；在版权相关行业层面，应该全面把握版权，使用、维护好版权资源；在社会层面，应准确认识版权，了解版权的范围

---

① 孔祥俊.知识产权法律适用的基本问题：司法哲学、司法政策与裁判方法[M].北京：中国法制出版社，2013：11.

概念,认识版权的价值作用等。

二、强化政治引导:提高地位,增大权重

强化政治引导,推动各级政府建立对版权的正确认知,是夯实版权管理体制改革思想基础的重要方面。其一是发挥司法、文化等界别的全国政协代表、全国人大代表的作用,以政协提案、人大议案等方式加强版权管理工作的政治呼吁,推动中央和有关决策管理部门重视版权的重大价值,培育版权管理体制改革的政治文化土壤。二是加强版权相关产业经济贡献调研和宣传工作,增强调研结果的权威性,进一步凸显版权在经济社会发展中的独特优势和重要地位。版权行政管理部门可以与统计行政管理部门沟通协作,参考国民经济和社会发展统计指标的制作体系和发布模式,形成版权事业发展指标,并将具有独立性价值的指标纳入到国家和地方的国民经济和社会发展统计指标体系中,以增强政府和社会对版权重要价值的认识。三是有效利用版权行政管理部门负责的政府机关软件正版化工作平台,将软件正版化成果不断扩大,推动各级政府重视版权保护,支持和参与版权管理。

三、构建版权文化:融入主题,彰显价值

作为世界公认的造纸术和印刷术的发源地,中国在历史上没有形成产业化的印刷出版行业,没有形成知识产权利益链和利益团体,所以,中国的社会土壤里并没有萌生出现代版权制度。[①] 但是自1905年

---

① 国家版权局.中国版权事业二十年[M].北京:人民出版社,2011:18.

《大清著作权律》落地,中国的版权制度建设和版权文化发展就连绵不断,并且取得了非凡成就。在树立和践行中国特色社会主义文化自信,发扬中国传统文化的大背景下,应该把版权文化建设作为一种人类社会进步的文明成就、中国特色社会主义建设的制度成果,纳入到社会文化建设发展的大局中。其一是构建中国版权文化的理论体系,确立价值体系、逻辑体系、话语规范,并将其融入宏大的中国特色社会主义理论体系之中;其二是深化中国版权历史研究,形成中国版权发展的历史脉络和理论框架;其三是将版权文化纳入职业道德建设、政风行风建设等社会主义精神文明建设中,让版权的力量在中国社会建设发展的各个角落、各个时段都能熠熠闪光。

第九章

结 论

权利是现代社会发展的文明旗帜、保障基石、源泉动力。如何正确认识权利、科学管理权利，不仅是法制工作的重大课题，也是社会治理的重要内容。就版权这种兼具精神权利和经济权利的民事权利而言，其管理是关涉"民生"、也关乎"国计"的综合性、系统性工程。因此，统筹更多的资源、引导更多的智力关注、研究版权管理，借此扩大版权管理的社会思想基础、积累版权管理的理论素材，就显得富有意义——而且对于研究者本人而言，亦是接受版权这一人类文明成果博大精深的思想洗礼的宝贵机会。

第一节 主要结论

通过对我国版权管理体制历史变迁、建设成就、现存问题、问题成因、改革路径等的研究和国外版权管理体制建设经验的借鉴，本书的主要结论如下：

第一，就版权对文化建设发展的作用而言，版权既是文化产业的"货币"，也是文化事业的"身份证"。就前者而言，主要是指文化产品商品化后，版权成为文化产业经济的货币载体，文化市场的交易主要以版权交易为基本形态，版权具有特殊的估值功能和交易功能。就后者而言，主要是指版权将文化产品用法律形式固定下来、保护起来，既有身份证明的作用，更有识别、确权、保障的功能。从这个角度讲，版权对文化产业经济、国际文化竞争的重要意义既是宏观的、隐性的，更是具体的、固化的，具有强制性。

第二，中国构建现代版权管理体制的过程，本质上是中国特色社会主义制度自我改革、自我完善的过程。这一过程经历了从"逼我所用"到"为我所用"、从缺少基本版权制度到建设知识产权强国的历史转变，呈现出典型的国家供给、自上而下的强制性制度变迁的特点。从根本上讲，它体现的是国家的政治选择、战略抉择，体现的是中国政治体制的优势。这是中国版权管理的历史背景，也是基本规律，改革版权管理体制、发展版权事业，都不能脱离这个背景和规律。

第三，中国版权管理体制改革发展的价值，是制度这一公共产品的价值，也是上层建筑的价值。版权管理的意义绝不止于促进版权相关产业发展，它作为上层建筑的一部分，因其权利本身的复杂性、管理领域的社会性，具有极为强大的辐射性、关联性。重视和发挥版权管理的多元功能，是中国版权管理历史轨迹的延续，也是世界各国版权管理经验的镜鉴。

第四，中国版权管理体制存在的问题，本质是经济基础与上层建筑之间的供需矛盾。这种矛盾构成了版权相关产业发展的基本动力。诚然，一些问题并不与产业发展具有必然性联系，而可能是历史惯性、体制约束以及观念羁绊。但是追根溯源，还是受版权及其关联的多个行业领域所限——无疑，这是更为宽泛的经济基础的概念。所以，正确认识版权管理体制改革的复杂性和准确把握版权管理体制改革的基本依据，二者同等重要。

第五,中国版权管理体制现存问题的成因,在很大程度上是供给与需求的互动机制不顺畅。这正如市场上商品生产者和商品消费者之间的供需信息不透明一样。准确来讲,是版权管理往往限于狭义上的权利管理,而没有更好地体现和释放其作为版权相关产业上层建筑的职能和属性。或者说,在促进和发展版权相关产业,尤其是在具体行业领域,版权管理并没有成为一个优选项。

第六,改革中国版权管理体制,其核心是从"事、产、业、权"四个要素出发调整完善管理格局。所谓"事",即事务,与人而非机器直接相关的以思想表达为核心的创作实践活动,以及与这些活动相关的社会事务——这是版权产生的根源和基础;所谓"产",即产品,创作活动所形成的作品成果,既包括原始成果,也包括衍生成果——这是版权依托和展现的有形实体;所谓"业",即行业,以某种或几种版权作品为基础、以作品传播为主要方式、以经济活动为基本形式而形成的行业——这是版权参与经济社会活动的渠道载体;"权",即权利,围绕版权相关权利而形成的权利体系——这是版权管理的根本。版权管理体制的重点就是遵循法制精神、市场规律,对版权事务、版权产品、版权行业、版权权利的管理进行统筹安排,以更好发挥版权的价值。

第七,中国版权管理体制改革的方向应该是战略化、市场化、司法化、社会化。所谓战略化,主要是指在顶层设计上,切实提高版权管理工作的战略地位,将其作为文化建设发展、意识形态安全、综合国力竞争的重要手段。所谓市场化,主要是指在行业管理上,推动版权相关产业全面深化改革,进一步培育版权经济,努力凸显版权对版权相关产业的基础性、保障性功能,强化从版权角度管理引导版权相关产业。所谓司法化,主要是指在版权保护上,凸显司法手段在版权保护中的主导作用,逐渐形成主要靠司法保障版权权利实现、维护版权权利利益的机制。所谓社会化,主要是指对版权创造、运用和交易的各个环节,尽可能发挥社会组织的作用,搭建依据法规、自我管理的社会运行平台。

第二节 存在不足及努力方向

应该说,随着市场经济的不断完善、法制进程的不断推进、文化竞争的日益激烈,版权管理的重要性将从宏观和微观等多个层面得到展示,研究版权管理也将是一个长期的持续性的课题。就本书而言,寥寥十数万言,并不能洞悉和揭示我国版权管理体制的真谛。虽然,笔者在版权管理成效、版权管理问题与原因分析、版权管理改革路径等方面,提出了一些具有创新性的观点和可资参考的实践建议,但由于时间、精力以及学力所限,在一些问题上还存在着不足:

一是对宏观问题较为注重,对微观具体问题的关注、分析不够。比如版权的行政保护与司法保护的矛盾问题、版权技术对版权管理的现实挑战、版权行政执法与文化市场综合执法的比较、地方版权管理体制改革探索等,都是既复杂又深奥,可以大做文章的研究对象,但是由于篇幅和研究框架限制,对于这些问题都未能很好地展开论述。

二是对于管理体制的分析探讨,从行政管理、司法管理、社会管理的框架来看,在行政管理方面着墨较多,而对法制的深入分析,特别是对法理的探讨和版权管理社会化的思考,都还不够。此外,对于新技术发展对版权管理的影响,分析得还不够深入透彻。

三是在研究方法的采用上,定性分析多于定量分析,直接的、一手的数据相对不足。

  所幸,未来的探索道路还很漫长。如有可能,笔者将围绕版权管理改革的具体领域、版权制度的法治理念与文化培育、版权管理体制与相关行业管理体制比较等问题进行进一步的研究,以期为版权事业发展贡献更多力量。

参考文献

一、图书

安守廉. 窃书为雅罪:中华文化中的知识产权法[M]. 李琛,译. 北京:法律出版社,2010.

艾因霍恩. 媒体、技术和版权:经济与法律的融合[M]. 赵启杉,译. 北京:北京大学出版社,2011.

蔡翔,王巧林. 版权与文化产业国际竞争力研究[M]. 北京:中国传媒大学出版社,2013.

诺斯. 制度、制度变迁与经济绩效[M]. 杭行,译. 上海:格致出版社·上海三联书店·上海人民出版社,2014.

戈斯汀. 著作权之道:从谷登堡到数学点播机[M]. 金海军,译. 北京:北京大学出版社,2008.

国家版权局. 中国著作权使用手册[M]. 北京:法律出版社,2005.

国家版权局办公室. 国际版权和邻接权条约(汉英对照)[M]. 北京:中国书籍出版社,2000.

皇甫晓涛. 版权经济论[M]. 北京:科学出版社,2011.

琼斯,乔治,查尔斯希尔. 当代管理学(第 2 版)[M]. 李建伟,严勇,周晖,译. 北京:人民邮电出版社,2005.

康芒斯. 制度经济学(上、下)[M]. 赵睿,译. 北京:华夏出版社,2013.

孔祥俊. 知识产权法律适用的基本问题:司法哲学、司法政策与裁判方法[M]. 北京:

中国法制出版社,2013.

李琛.著作权基本理论批判[M].北京:知识产权出版社,2013.

李明山,常青.中国当代版权史[M].北京:知识产权出版社,2007.

李雨峰,王迁,刘有东.著作权法[M].福建:厦门大学出版社,2006.

林岗,卫兴华.马克思主义政治经济学[M].北京:中国人民大学出版社,2003.

刘春田.知识产权法[M].北京:中国人民大学出版社,2014.

刘凤芹.新制度经济学[M].北京:中国人民大学出版社,2015.

卢现祥,朱巧云.新制度经济学(第二版)[M].北京:北京大学出版社,2014.

彭辉.版权保护制度理论与实证研究[M].上海:上海社科院出版社,2012.

青锋.行政管理体制改革新思维[M].北京:法律出版社,2008年.

沈仁干,钟颖科.著作权法概论[M].北京:商务印书馆,2003.

宋海燕.中国版权新问题——网络侵权责任、Google 图书馆案、比赛转播权[M].北京:商务印书馆,2011.

石亚军.中国行政管理体制实证研究——问卷调查数据分析[M].北京:中国政法大学出版社,2010.

世界知识产权组织.版权产业的经济贡献调研指南[M].北京:法律出版社,2006.

王兰萍.近代中国版权法的成长(1903—1910)[M].北京:北京大学出版社,2006.

王利明,杨立新,王轶,程啸.民法学(第4版)[M].北京:法律出版社,2015.

吴汉东.西方诸国著作权制度研究[M].北京:中国政法大学出版社,1998.

吴汉东.知识产权制度基本理论研究[M].北京:知识产权出版社,2009.

吴汉东.中国知识产权蓝皮书(2007—2008)[M].北京:北京大学出版社,2009.

吴汉东.中国知识产权蓝皮书(2009—2010)[M].北京:北京大学出版社,2011.

吴汉东.我为知识产权事业鼓与呼[M].北京:中国人民大学出版社,2014.

吴汉东.知识产权中国化应用研究[M].北京:中国人民大学出版社,2014.

吴汉东.中国知识产权蓝皮书(2014—2015)[M].北京:知识产权出版社,2016.

吴伟光.数字技术环境下的版权法危机与对策[M].北京:知识产权出版社,2008.

哈尔彭,纳德,肯尼思·L.波特.美国知识产权法原理[M].宋慧献,译.北京:商务印书馆,2013.

新闻出版总署法规司.中华人民共和国著作权法律文件汇编[M].北京:中国民主法治出版社,2013.

姚林青.版权与文化产业发展研究[M].北京:经济科学出版社,2012.

斯密尔斯,斯海恩德尔.抛弃版权:文化产业的未来[M].刘金海,译.北京:知识产权出版社,2011.

张今.版权法中私人复制问题研究——从印刷机到互联网[M].北京:中国政法大学出版社,2009.

张美娟.中外版权贸易比较研究[M].北京:北京图书馆出版社,2004.

赵为学,尤杰,郑涵.数字传媒时代欧美版权体系重构[M].上海:上海交通大学出版社,2015.

郑成思.版权法[M].北京:中国人民大学出版社,2009.

朱理.著作权的边界——信息社会著作权的限制与例外研究[M].北京:北京大学出版社,2001.

中国版权协会.版权的力量[M].北京:北京大学出版社,2015.

张国庆.公共行政学(第三版)[M].北京:北京大学出版社,2007.

张勤,朱雪忠,吴汉东.知识产权制度战略化问题研究[M].北京:北京大学出版社,2010.

周长玲,朱斌.美国版权法经典案例评析[M].北京:中国政法大学出版社,2013.

周茂君.中国广告管理体制研究[M].北京:人民出版社,2012.

二、期刊

陈凤兰.国外版权集体管理发展研究[J].现代出版,2015(3).

陈美章.美国知识产权的管理及其发展趋势[J].知识产权,1997(5).

陈书成.我国知识产权行政管理和执法体制的现状、问题及思考[J].河南司法警官职业学院学报,2012(2).

丛雪莲.中国知识产权行政管理机构之设置与职能重构[J].首都师范大学学报(社会

科学版),2011(5).

代辉.行业协会在国家知识产权体制中的地位——以中美比较为基础[J].科技与法律,2015(5).

丁丽.版权制度的诞生:从古登堡印刷术到安娜女王法[J].编辑之友,2016(7).

董德华.行政生态学视域下我国知识产权管理制度的困境及重构[J].淮海工学院学报(社会科学版),2011(21).

董宏伟.武汉市知识产权管理体制改革和创新研究[J].长江论坛,2014(6).

董榕萍.发展我国著作权集体管理制度的若干问题——以卡拉OK版权费风波为样本的分析[J].成都大学学报(社会科学版),2009(3).

董希凡.知识产权行政管理机关的中外比较研究[J].知识产权,2006(3).

范超.知识产权保护全球化体制变革与我国的应对策略[J].国际贸易,2014(1).

冯晓青,邵冲.中国知识产权行政管理及市场规制的完善研究[J].中国市场,2012(20).

冯晓青.知识产权立法、执法与司法制度之完善研究——基于技术创新的视角[J].武陵学刊,2013(2).

顾大炜.地方知识产权管理思考[J].科技与企业,2016(4).

郝振省,辛广伟,魏玉山,等.中国版权相关产业的经济贡献研究[J].出版发行研究,2010(6).

国家知识产权局保护协调司.开启知识产权强国建设新时代——对《国务院关于新形势下加快知识产权强国建设的若干意见》的解读[J].专利代理,2016(1).

雷艳珍.日本知识产权行政管理的改革及对我国的启示[J].特区经济,2009(7).

李雨峰.从特权到私权:近代版权制度的产生[J].重庆大学学报(社会科学版),2008(1).

李志军.美国的知识产权管理、政策及其经验[J].国际技术经济研究,2003(3).

凌金铸.版权与美国文化产业[J].皖西学院学报,2005(3).

刘飞,张春荣.建立统一的知识产权管理机构的可行性研究[J].产业与科技论坛,2013(10).

刘华,张祥志.中国的版权相关产业:理论、现状与决策[J].中国出版,2013(15).

刘惠荣,宋欣.中国知识产权执法体制的变革[J].青岛大学师范学院学报,2007(5).

明星朗.对地市版权管理问题的分析与思考[J].出版发行研究,2003(12).

单晓光,王珍愚.各国知识产权行政管理机构的设置及其启示[J].同济大学学报(社会科学版),2007(3).

宋木文.当代中国版权制度建设的历程[J].韶关学院学报(社会科学版),2006(7).

王芳.借鉴国外经验加强我国知识产权管理[J].兰州商学院学报,2004(4).

王玫黎.文化、机构竞争与国家能力——美国学者关于中国知识产权执法的解释进路[J].知识产权,2010(11).

王莹.完善我国知识产权行政管理体制的探讨[J].云南财经大学学报(社会科学版),2012(4).

王小龙,李冰.两岸知识产权行政管理部门设置及其职能比较研究[J].重庆社会主义学院学报,2012(4).

汪曙华.当代中国版权行政保护体系的核心症结及对策[J].现代出版,2013(4).

武善学.美日韩知识产权部门联合执法概况及其借鉴[J].知识产权,2012(1).

新闻出版广电总局"强化网络版权执法监管"调研组.强化网络版权执法监管维护网络版权传播秩序[J].中国出版,2015(1).

薛伟贤,陆三育.论中国知识产权保护制度在经济发展和体制改革过程中的演变(一)[J].理论导刊,1999(10).

薛伟贤,陆三育.论中国知识产权保护制度在经济发展和体制改革过程中的演变(二)[J].理论导刊,1999(11).

阎晓宏.努力推进我国版权事业的发展[J].知识产权,2008(4).

阎晓宏.关于版权经济价值的三个认识[J].现代出版,2014(5).

叶宗雄,丁海涛,许春明.上海浦东知识产权综合行政管理体制探索与实践[J].中国发明与专利,2015(3).

张丰艳.中国音乐版权集体管理组织发展滞后的原因与对策探析[J].现代出版,2015(6).

知识产权强国研究课题组.对知识产权强国建设的理论思考[J].知识产权,2015(12).

邹宝珍.论我国知识产权行政执法体制改革——美国《优化知识产权资源与组织法案》启示[J].福建行政学院学报,2009(6).

三、报纸

赖名芳.版权:助推中国文化大发展大繁荣[N].中国新闻出版报,2013-6-20(5).

赖名芳.为建设版权强国而不懈努力——国家版权局版权管理司司长于慈珂就《版权工作"十三五"规划》答记者问[N].中国新闻出版广电报,2017-2-16(5).

韩霁.知识产权强国建设迈向升级版[N].经济日报,2015-12-12(5).

毛俊玉.管理部门"披荆斩棘"规范版权秩序[N].中国文化报,2015-3-7(4).

裴宏,刘仁,微嘉,陈彦.关注知识产权管理体制改革[N].中国知识产权报,2007-3-9(3).

王迁.集体管理制度遭遇四大问题[N].中国新闻出版报,2007-4-5(11).

魏小毛,陈中利.武汉探索知识产权行政执法新机制[N].中国知识产权报,2012-4-25(5).

许春明.以知识产权体制机制改革促进创新驱动发展[N].中国知识产权报,2015-5-29(1).

颜维琦.知识产权行政管理再不能"九龙治水"[N].光明日报,2016-3-5(4).

阎晓宏.版权:满足文化需求也带来社会财富[N].中国新闻出版报,2007-10-25(9).

阎晓宏.加强执法厉行监管[N].中国新闻出版报,2011-11-24(5).

於亚萍.行政管理护卫版权产业远航[N].中国知识产权报,2008-1-18(10).

张晋.吴汉东建议学习借鉴发达国家知识产权管理经验[N].中国知识产权报,2007-4-6(3).

张群.音著协人员解答七大问题搞清音乐广播权付酬现状[N].中国新闻出版广电报,2016-3-31(7).

张玉瑞,韩秀成.我国知识产权司法体制改革研究报告[N].中国知识产权报,2006-9-6(7).

赵建国.苏州模式:管理体制创新焕发巨大活力[N].中国知识产权报,2012-6-6(6).

赵杰.互联网版权执法难在何处[N].中国新闻出版报,2015-9-10(5).

四、其他文献

李雨峰.思想控制与权利保护——中国版权法的历史演变[D].重庆:西南政法大学,2003.

李正生.中国版权制度与版权经济发展关系研究[D].武汉:华中科技大学,2010.

邵际涛.国家知识产权战略管理研究[D].北京:中国社会科学院研究生院,2009.

郭欢.澳大利亚版权产业和版权立法研究[D].上海:华东师范大学,2014.

国家版权局版权管理司.关于建立健全版权工作六大体系的分析与思考[R].2007.

国家版权局版权管理司.关于版权贸易背后的文化冲突与霸权主义[R].2016.

国家新闻出版广电总局.2015年新闻出版产业分析报告[R].2016.

王迁.俄罗斯著作权监管情况研究[R].2013.

肖蕾.加拿大版权保护与用户利益平衡制度研究[D].武汉:华中师范大学,2013.

徐水琴.美国版权管理规制研究[D].武汉:华中师范大学,2012.

周林.版权集体管理及其立法研究[D].北京:中国社会科学院研究生院,2002.

朱慧.激励与接入:版权制度的经济学研究[D].杭州:浙江大学,2007.

朱江.我国版权集体管理组织处理网络版权侵权纠纷机制研究[D].广州:暨南大学,2014.

邹芸潞.我国知识产权政府管理问题对策研究[D].哈尔滨:哈尔滨理工大学,2013.

五、网站

中华人民共和国最高人民法院网站:http://www.court.gov.cn/

中华人民共和国商务部网站:http://www.mofcom.gov.cn/

中华人民共和国国家广播电视总局网站:http://www.sapprft.gov.cn/

中华人民共和国国家版权局网站:http://www.ncac.gov.cn/

中华人民共和国国家市场监督管理总局网站.http://www.saic.gov.cn/

中华人民共和国国家知识产权局网站:http://www.sipo.gov.cn/
中国出版网:http://www.chuban.cc/
世界知识产权组织网站:http://www.wipo.int/portal/zh/
联合国教科文组织网站:http://en.unesco.org/
美国版权局网站:https://www.copyright.gov/
英国知识产权局网站:https://www.gov.uk/

后　记

读书求学是很多中国人心里萦绕的梦。可能是因为"万般皆下品，唯有读书高"的传统思想赋予的社会层次标签，可能是因为"学而优则仕""学成文武艺，货与帝王家"的价值载体光环，也可能是因为成长资源稀缺、精神产品供给有限的经济成本条件，更可能是兼而有之。但不管怎样，对于我这个出生中原农村、自小目睹乡村社会万象的热血青年来说，读书求学始终是我的梦，既是希望、目标，也是道路、工具。上世纪80年代，我就读于乡村小学、中学，虽然校舍简陋、教学简约、校风粗犷，强势宗族、富裕家庭和乡村干部子弟在校园里受到优待，但是学习佼佼者总是被刮目相看，甚至因此有少受校园欺凌的些许好处。而我，就是这些许好处的体验者，并且从那时起构建了经由学习找到自我存在感的人生逻辑，并在此过程中形成自强、执着的品质习惯。特别是重男轻女等传统观念强烈的父亲，对我的学习关心备至，在我到农村读中小学时时常在夜里跑到学校隔着教室窗户看我学习的样子，在我到城里读高中时经常十天半个月就到学校看我、站在学校公示栏前看成绩排名，甚至不顾一介农夫之微，主动向校长介绍我……而由我学习成绩尚佳引申而出的出人头地愿景，弥补了我是家里唯一男孩的遗憾，更在一定程度上成为他在农村宗族纠纷矛盾中受气受欺、始终自信顽强的精神支柱。这也让我越发觉得读书求学是那么来之不易,是那么不可或缺,必须拼尽全力,实至名归。

在读书求学上尽可能追求更高层次,比如获得博士学位,是环环相扣的梦中之梦。人生很多时候就是如此,你越依赖的东西,你越觉得它有价值;但另一方面,你越在乎的东西,它又越可能难以完全遂愿,于是你又更加努力地追求。也许是对读书求学的过分看重,连续高考两年,都未能考出理想的成绩,虽然上了一所省内的重点大学,但远未实现我和家人一鸣惊人、扬眉吐气的心理预期。所以进了大学之后,我就把考研作为新起点上的另一个目标,并且定得更高,付出了几乎和高考等量齐观的努力。但结果依旧让人心伤,再加上其时家中与人对簿公堂,家人对正义、声名的强烈诉求,我更有难以言说的无力感。所幸,终究调剂到北京的一所学校读研,跌跌撞撞中开启了人生的另一段路。不过,正是这段读书生涯,内内外外的因素影响,让我逐渐认识到读书求学作为人生价值实现载体的有限性,也减弱了读书求学的功利性色彩,甚至在一定程度上重新认识学业对于个人成功、个人发展,对于家庭家族等的意义。所以,研究生毕业后,我把就业作为首要和唯一的选择,并未延续一直以来的读书求学梦,因为我觉得,彼时之我更需实践历练。然而,在读研学校留校工作四五年后,和很多人一样,我就遇到了发展瓶颈:晋升希望微渺、职场转圜能力不足、物质经济基础薄弱。换句话说,与当年读书求学的情况相似,职业实践给我带来的成就感、价值感,与心理期待有很大落差。更为重要的是,职场中个人努力与期待结果的匹配程度、个人主观努力与意愿对结果的决定性作用,似乎远小于读书求学。于是,一直萦绕心中的梦想再次将我挟裹——读博。

正如同一个梦醒了,闭上眼继续做梦,会有不一样的梦境。人生的梦想,也不是一成不变的。准备读博前前后后四年的时光,是读博梦从准备到实现的日子,更是人过而立之年后,对知识、能力、职业、家庭、品格等重大人生问题构筑逐渐稳定的价值体系和逻辑结构的关键时期。四年前第一次报名博士考试,境况与考研相近,汲汲以求、患得患失,最终铩羽而归。四年中,职业生涯在起伏变化,心绪在不断调节,有时职场上的小得掩盖了博士学历的光芒,有时学术欠缺的掣肘重于职业资历的浅薄,有时家庭问题、学习问题、情感问题、职业问题交织……所幸有这样的砥砺过程,让我有了新的读书求学梦:坚持读博,但是要让读书的意义与作用更加多元、丰富,让人生价值的载体更加多样、立体。进而言之,希望尽可能祛除读书学习的经世致用色彩,哪怕读书学习本身有这样的功用;尽可能拓展事业发展和生命体验的多样形态和多面呈现,而非单一的功利声名游戏;尽可能回归包括读书在内的诸多事物的本来属性,建立人的机理动能、感官体验与事物内在外在之美的直接联系——这或许是多年学海苦游、人生实践的重要收获。但这并不能否认和否定前面几十年自己读书求学梦的选择和执着。因为,人生不可能重来,生命的状态不可复制或者还原。所以,四年后第二次报名博士考试,面试时我最想说的是:想读书,想学习,所以我来了。结果倒真的是来了,我满心喜悦,虽然父亲对于学校的名字不曾熟悉,并且有些失落。

博士学习研究什么,是读博的首要问题也是核心问题。这个问题的选择可能影响博士学习的成效,也可能影响学术生涯甚至职业生涯的发展。但是于我而言,无论是从现实上还是从心理上,都没有把博士学习与职业事业做更多关联,因此更多从学习本身出发考量。我的博士专业是编辑出版,和研究生学习时的专业一致,也和当时所从事的工作单位有很强的行业相关性。但是,硕士阶段的学习和此后的工作经历,让我对博士阶段研究什么产生了犹豫:是继续研究编辑出版这个既有知识积累又有专业关联度的老本行,还是另辟蹊径选择一个相对陌生但更有挑战性的领域?就前者而言,曾经想过结合个人工作实际,做出版教育的深层次研究,或者立足出版业的融合发展,做数字出版、融合出版等方面的研究,但是考虑再三,终觉这类纯应用型的研究不是此时之我的兴趣所在,况且出版本身就是一个相对细分的实践型研究分支,如果不用文化的视野、传播的理论、经济的工具进行综合性的探究,很容易做成类似行业报告或者咨询报告式样的学术"快消品"——尽管这方面也不乏佳作,所以,选择编辑出版的问题做博士研究,看似是较易入手的捷径,却隐藏有极大的风险。对于后者而言,完全陌生的领域自然是不切实际的,也是主客观条件所不允许的,更合适的是从与编辑出版相关联的领域出发,选择一个理论性、基础性和实践性兼具,自己又有可能参悟的研究对象,这不仅能让自己的学术和思维能力有所拓展,也能相对超越地、从旁观者的角度去思考一个重要的命题。于是,版权研究成为了相见恨晚的"意中人"。特别是,版权制度基于法律,涉及的对象是包括出版物在内的诸多精神作品,处理的是纷繁复杂的社会关系、利益关系,版权管理是一种权利管理,而不是一种行业管理。这无疑是一个既有难度、深度,又有趣味、意味的题目。

研究的过程自然充满了挑战,也不断有惊喜和快意。编辑出版和版权虽有关联,但学理基础、研究对象等的差异性远大于趋同性。对我这样一个原本是版权研究的"门外汉"来说,即便研究对象是版权管理体制改革,专业难度稍低,但实际当中,学习的压力还是比想象中大得多,而本书,与其说是博士研究成果,毋宁说是博士学习作业。因为版权作为人类文明的杰作,从其在英国诞生,到晚清政府初次引进,再到中华人民共和国决定建章立制,其间的战略决策、利益博弈、国际竞争,无不体现着高超的政治智慧和复杂的社会关系。而在版权制度的历史演变过程中,更能感受到利益天平摇摆间看似微小、实则内含气象万千的变化,其间关涉的法律与技术、作者与读者、保护与发展等矛盾关系,又很难用"利益"二字尽言。所以,我一方面为研究问题的复杂性感到头疼,另一方面,又不时为古今中外的版权人在发挥版权制度作用、构建完善版权制度体系过程中的精妙思维所折服,特别是那些立法者、司法者在处理复杂版权案件时的观念和逻辑,颇值得反复咀嚼。于是,我所能做的,就是在一个新的领地饶有兴致地耕作——其实更像一个农夫,赶在收工之前,尽最大的努力把更多的汗水挥洒在自己钟爱的沃土之上。

我深知,自己的所作微不足道,更遑论价值与贡献? 不过,认真做一件有意义的事情,或许就有意外之功。假若有这样的功劳,那也是拜众人之赐,在此以挂一漏万的方式向他们谨致谢意:

——感谢师长。阎晓宏导师悉心教授,指导我、激励我走上博士学习之路,郝振省老师、李频老师等对学习研究及时点拨、指引迷津,刘大年老师、赵丽华老师、唐颖老师、芦世玲老师等无私帮助,既予知识,也予温暖。

——感谢同事。读博期间,前后两个工作单位的领导,刘超美、孙文科、瞿家茂、李宏葵、张泽辉以及杨学娟、程峰等诸君,对我完成博士学习给予了重要支持和巨大力量。

——感谢朋友。国家版权局的向非凡、叶婷婷女士,商务印书馆的王兰萍女士,中国版权保护中心的范雯女士,北京印刷学院的张养志老师、朱建平老师提供了大量宝贵资料,提出了许多真知灼见,对本书的写作具有不可或缺的作用。

——感谢亲人。从复习备考到报名入学,从宿舍起居到上课学习,从搜集资料到撰写本书,爱人刘晶女士都不怨不烦地大力支持。更需言表的是,从进入校门,到本书付梓,也是孕育和期待小生命诞生的过程。博士研究的最后阶段,爱女源悉呱呱坠地,她的啼哭与笑靥,是这世间最迷人的图景和最强大的力量,让我更加努力地在版权广袤原野上耕作。还有岳父岳母,不顾多病之身,照顾爱人和我,为我全心钻研创造了条件。

——感谢母校中国传媒大学,感谢中国传媒大学出版社,为本书的撰述和出版搭建平台、提供资助。

蔡晓宇

2018 年春于北京

中国出版产业发展研究丛书

第一辑

◎《论出版的文化自觉》

◎《自出版管理问题研究》

◎《当前出版企业转型问题研究》

◎《中国数字出版产业政策研究》

◎《出版传媒上市公司投融资研究》

◎《中国数字出版内容国际传播研究》

◎《媒介融合趋势下的出版变迁与转型》

◎《中文人文社会科学学术期刊评价体系研究》

◎《中国出版产业政策研究：社会转型与价值观建构》

◎《大学精神与大学出版：民国中央大学"学人办刊"研究》

第二辑

◎《出版是什么》

◎《出版的边界》

◎《期刊：连续出版的逻辑》

◎《中国版权管理体制改革研究》

◎《中国近现代出版企业制度研究》

图书在版编目(CIP)数据

版权管理体制改革研究 / 蔡晓宇著. -- 北京:中国传媒大学出版社,2020.5
(中国出版产业发展研究丛书. 第二辑)
ISBN 978-7-5657-2705-4

Ⅰ. ①版… Ⅱ. ①蔡… Ⅲ. ①版权—管理体制—体制改革—研究—中国 Ⅳ. ①D923.414

中国版本图书馆 CIP 数据核字(2020)第 064086 号

版权管理体制改革研究
BANQUAN GUANLI TIZHI GAIGE YANJIU

著　　者	蔡晓宇
责任编辑	刘广东
封面设计	李杨桦　郭　琳
责任印制	阳金洲

出版发行　**中国传媒大学**出版社

社　　址	北京市朝阳区定福庄东街1号　邮编:100024
电　　话	86-10-65450528　65450532　传真:65779405
网　　址	http://cucp.cuc.edu.cn
经　　销	全国新华书店
印　　刷	三河市东方印刷有限公司
开　　本	710mm×1000mm　1/16
印　　张	14.5
字　　数	171 千字
版　　次	2020 年 5 月第 1 版
印　　次	2020 年 5 月第 1 次印刷
书　　号	ISBN 978-7-5657-2705-4/D · 2705　　定　价　69.00元

版权所有　　翻印必究　　印装错误　　负责调换